Dieter Nührmann

Der Hobby-Elektroniker ätzt seine Platinen selbst

Wie schnell und einfach Platinen entstehen

5., verbesserte Auflage
Mit 82 Abbildungen

Franzis'

CIP-Kurztitelaufnahme der Deutschen Bibliothek

Nührmann, Dieter:
Der Hobby-Elektroniker ätzt seine Platinen selbst: wie schnell u. einfach Platinen entstehen / Dieter Nührmann. – 5., verb. Aufl. – München: Franzis, 1988.
(Franzis-Taschenbuch; Nr. 56)
ISBN 3-7723-0565-2
NE: GT

Satz: U. Meyer, München.
Druck: Druckerei Bommer GmbH, Miesbach.
Printed in Germany · Imprimé en Allemagne.

ISB N 3-7723-0565-2

Vorwort zur ersten Auflage

Es ist nun schon einige Jahre her, als ich die ersten Platinen für unser gemeinsames Hobby anfertigte. Bis heute hat sich an den Techniken nicht viel geändert. Einfacher geworden ist allerdings die Beschaffung der Basisplatinen mit den dazugehörigen Chemikalien.

Der Elektronik-Versandhandel hat sich darauf eingestellt. Ebenso gibt es ein umfangreiches Angebot an Hilfsmittel für die „Artwork" der Platine. Das sind z.B. selbstklebende Leiterbahnen und weitere Klebezeichen, die das Layout vereinfachen helfen. Häufig genug gibt es im Elektronik-Versandhandel kleine zugeschnittene Platinen, als Restposten der Industrie, preiswert angeboten.

Alles in allem: Es lohnt sich, einmal darüber nachzudenken, ob die Universalplatine gegenüber dem Eigenbau noch standhält. Sicher ist sie für den ersten Versuch sinnvoll. Auch, wenn es einmal um größere Aufbauten geht. Aber wenn eine Schaltung in unserem Hobby dann funktioniert, macht es doch erst so richtig Spaß mit dem maßgeschneiderten Eigenbau der dazugehörigen Platine.

. . . Und das soll hier in diesem Buch nun beschrieben werden, wobei ich allen meinen Freunden der Hobby-Elektronik viel Erfolg wünsche.

Achim/Bremen Dieter Nührmann

Vorwort zur 3. und 4. Auflage

Mit den heutigen Hilfsmitteln, welche die Hobbyfachgeschäfte für uns bereithalten, ist es nicht mehr schwierig die maßgeschneiderte Platine herzustellen. Dennoch ist hier einiges wichtig an Wissen und Erfahrung.

Das alles stand in der ersten Auflage. Nun habe ich aufgrund vieler Leserwünsche für die dritte Auflage verschiedene Kapitel mit interessanten Arbeitsverfahren für die Printplatte ergänzt. Da ein Foto sicher viel mehr an Aussagekraft hat als eine entsprechende Beschreibung, sind für die 3. Auflage allein 18 Fotos neu hinzugekommen. Ich bin sicher, daß dieser Aufwand berechtigt ist, und Sie es dadurch noch leichter haben bei Ihrer selbstgefertigten Platine.

Trotzdem möchte ich Sie an dieser Stelle darauf hinweisen, daß die Praxis – so rund um die Printplatte – wie vieles andere im Leben erlernt werden muß. So sind oft Angaben in diesem Buch, die z.B. das Konzentrat der Ätzlösung betreffen, für den einen Fall richtig, in einem anderen Fall kommen Sie aber mit geänderten Werten besser zum Ziel. Was tun? Ich empfehle Ihnen, ein paar „Phantasie-Platinen" anzufertigen und mit Ihren Hilfsmitteln – Plastik-, Glas- oder Keramikschale, der Temperatur und Ihrem Ätzmaterial – Versuche zu machen. Das ist der beste Weg, damit es im „Ernstfall" auf Anhieb klappt. Wer von Ihnen genauere elektrische Daten der Printplatte benötigt, diese stehen im „Großen Werkbuch Elektronik", oder „kleinen Werkbuch Elektronik", Franzis-Verlag.

In diesem Sinne
Ihr

Dieter Nührmann

Inhalt

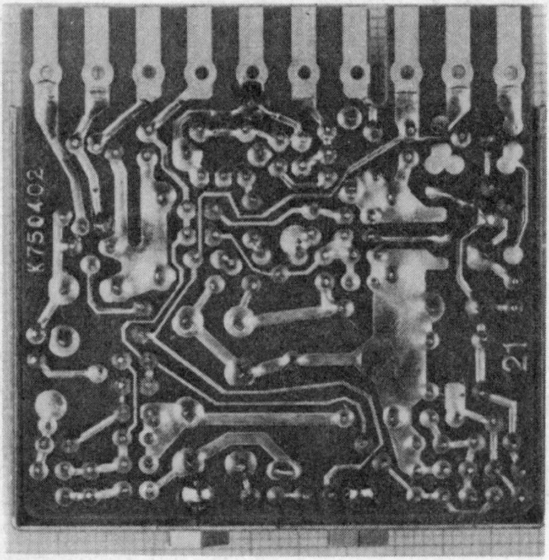

A Printplatte eines UKW–Tuners (VALVO)

B Bestückungsseite des UKW–Tuners

Eine Einleitung

Als ich früher einmal anfing, die ersten Platinen herzustellen, da gab's mehr Ausschuß als funktionsfähige Platinen. Woran lag das? Ganz einfach daran, weil ich mich nicht an die gutgemeinten Vorschläge und Hinweise gehalten habe. Wenn dort stand: auf 1 Liter Wasser 7 Gramm Ätznatron, ja, dann waren 1 Liter Wasser oft nur 0,5 Liter oder vielleicht auch 1,3 Liter. Die 7 Gramm Ätznatron waren meist 20 oder 30 Gramm. So nach der Theorie je mehr, je besser. So geht es aber nicht!

Wir sollten uns darüber im klaren sein, daß wir hier voll im Gebiet der Chemie arbeiten. Und hier gibt es Gesetze und Daten für chemische Prozesse. Die müssen genau eingehalten werden wie der richtige Arbeitspunkt eines Operationsverstärkers (wovon wir gegenüber dem Chemiker nun einmal mehr verstehen). Wird nun in diesem Buch der „Hexentrunk" gemixt – der natürlich auch gesundheitsschädlich ist – dann tun Sie sich den Gefallen und halten Sie sich möglichst an die Mengenangaben der einzelnen „Kräutlein". Und wenn irgendwo steht „langsam bis auf max. 70°C erwärmen", so sollte man dieses „langsam" auf jeden Fall beachten. Wer es nicht tut, wird schon sehen, was er davon hat. Den Angaben und Erläuterungen in diesem Buch wollen Sie schließlich ohne viel Fehlschläge eine Menge entnehmen – und deshalb bitte genau wie beschrieben vorgehen.

Dennoch, jeder hat unterschiedliche Voraussetzungen für die Hilfsmittel. Daher ist es sinnvoll, einmal drei oder vier Probeplatinen herzustellen. Damit arbeitet man sich schnell ein und es erspart viel Ärger.

Nun gibt es noch das Umfeld zu der Platine – die Bauelemente und die Schaltung. Wer darüber mehr wissen will, sollte einmal nachlesen:

„Die Mechanik für den Hobbyelektroniker" RPB 125 sowie
„Der Hobby-Elektroniker prüft seine Bauelemente selbst" RPB 102 und
„Der Hobby-Elektroniker prüft seine Schaltungen selbst" RPB 110.
„Der Hobby-Elektroniker plant und entwirft seine Schaltungen selbst". RPB 122.

Das war's. Nun lesen wir erst einmal das Inhaltsverzeichnis. Dadurch erhalten wir den besten Überblick über das, womit wir uns im einzelnen beschäftigen wollen.

Wichtiger Hinweis

Die in diesem Buch wiedergegebenen Schaltungen und Verfahren werden ohne Rücksicht auf die Patentlage mitgeteilt. Sie sind ausschließlich für Amateur- und Lehrzwecke bestimmt und dürfen nicht gewerblich genutzt werden*).
Alle Schaltungen und technischen Angaben in diesem Buch wurden vom Autor mit größter Sorgfalt erarbeitet bzw. zusammengestellt und unter Einschaltung wirksamer Kontrollmaßnahmen reproduziert. Trotzdem sind Fehler nicht ganz auszuschließen. Der Verlag und der Autor sehen sich deshalb gezwungen, darauf hinzuweisen, daß sie weder eine Garantie noch die juristische Verantwortung oder irgendeine Haftung für Folgen, die auf fehlerhafte Angaben zurückgehen, übernehmen können. Für Mitteilung eventueller Fehler sind Autor und Verlag jederzeit dankbar.

*) Bei gewerblicher Nutzung ist vorher die Genehmigung des möglichen Lizenzinhabers einzuholen.

1 Die Hobby-Elektronik mit der Printplatte

Die Printplatte hat in unserer Hobby-Praxis drei Aufgaben:

– Die elektrischen Leitungen (Leiterbahnen) zu den einzelnen Bauelementen herzustellen.
– Die Bauelemente mechanisch festzuhalten (löten, schrauben, kleben).
– Den elektronischen Aufbau – also eine Schaltung – so aufzunehmen, daß diese sich mechanisch und elektrisch innerhalb eines Gerätes gut einordnen läßt.

So, und dann gibt es noch eine weitere Aufgabe, die selbstverständlich ist und die wir beim Entwurf stark beeinflußen. Das ist die elektrisch sichere Funktion, welche Verkopplungen und Brummeinschleifungen vermeidet und Abschirmungen zwischen einzelnen Leitungen und Baugruppen sicherstellt.

Empfehlen möchte ich, eine elektronische Schaltung vorerst als „Drahtigel", oder besser noch auf einer Universalplatine, siehe Abb. 1.0-2a...b, aufzubauen. Ist man von der elektrischen Funktion überzeugt, steht also das elektrische Schaltbild, dann muß dieses als Leiterbahngebilde auf die Printplatte „übersetzt" werden. Dieser Weg der drei Schritte ist in der *Abb. 1.0-1a . . . c* zu erkennen.

1.1 Das elektrische Schaltbild

Ein Blick zurück auf die Abb. 1.0-1. Der Profi liest sein Schaltbild von links nach rechts. Links ist der Eingang des Signales, das verarbeitet werden soll – rechts sein Ausgang. Dazwischen liegt die Schaltung mit ihren verschiedenen Bauelementen, die das Signal so beeinflussen sollen, wie es von uns vorgesehen ist. Ein Netzteil wird getrennt gezeichnet und meistens unterhalb oder rechts von der elektrischen Schaltungszeichnung angeordnet.

Genauso wird beim Entwurf der Platine vorgegangen. Links ist der Eingang, dazwischen die Schaltung und rechts der

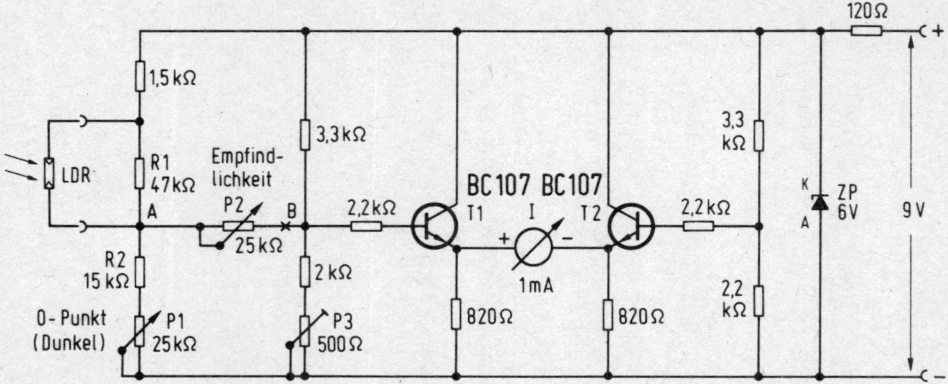

1.0-1a Schaltung eines Lichtmeßgerätes

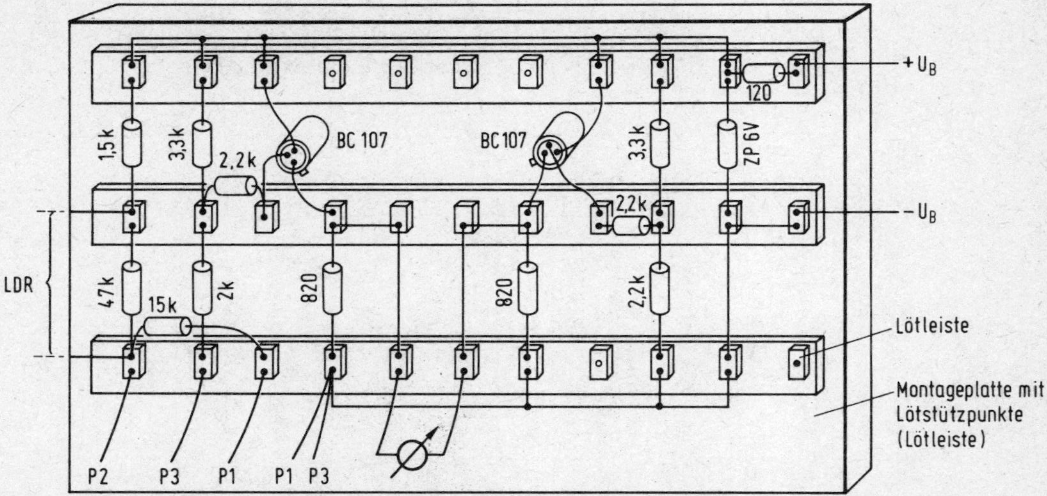

1.0-1b So kann die Schaltung auf drei Lötleisten montiert werden

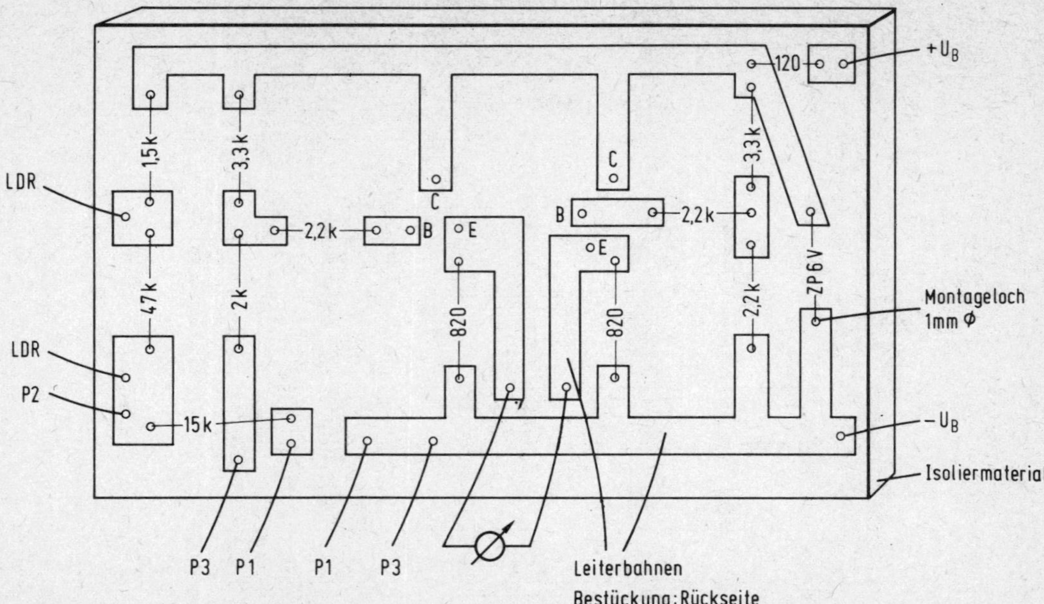

1.0-1c Hier ist die Schaltung auf eine maßgeschneiderte Printplatte untergebracht

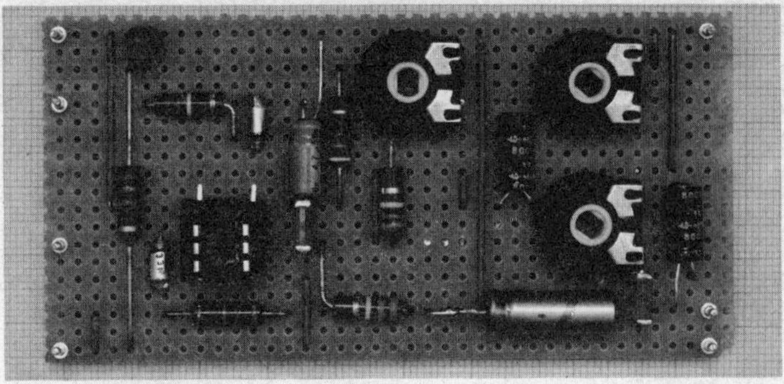

1.0-2a Die Bauteile werden durch passende Bohrungen der Universallochrasterplatine gesteckt.

1.0-2b Hier ist ein Ausschnitt aus der Bahnenseite einer Universallochrasterplatine zu sehen. Die Leiterbahnen sind an den erforderlichen Stellen aufgetrennt.

Ausgang. Berücksichtigen Sie bitte, daß die Bestückungsseite und das Leiterbild seitenverkehrt zu einander stehen. Ein evtl. kleines Netzteil wird weit entfernt vom Eingang der Platine angeordnet – also demnach mehr in der Nähe des Ausganges.

Achten Sie auf die VDE-Vorschriften, wenn ein Netzteil unbedingt auf einer „Schwachstromplatine" angeordnet werden muß. Sinnvoll für die meisten Aufbauten ist der Zuschnitt von rechteckigen Platinen, die dem Seitenverhältnis der „Europa-

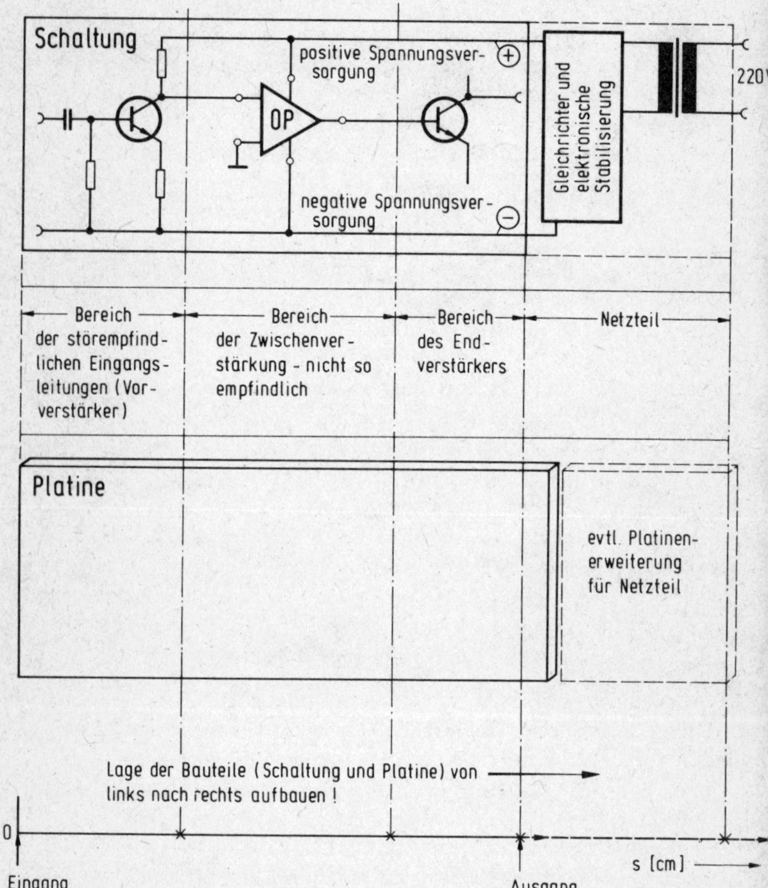

1.1-1 Aufteilung einer Schaltung für die Platine

karte" von 100 x 160 mm entsprechen. Das kommt auch der gestreckten Anordnung Eingang – Ausgang weitgehend entgegen. Nun gibt's natürlich Ausnahmen, wenn in Sonderfällen eine maßgeschneiderte Platine erforderlich ist. Das Problem stellte sich mir bei einem kleinen Meßverstärker für ein hochgenaues Digitalvoltmeter. Wir werden in Abb. 3.1-4 erkennen, daß hier Eingang und Ausgang sehr nahe angeordnet sind. Das hatte seinen Grund darin, daß die kleine Platine in eine große vorhandene Platine mit aufgenommen werden mußte.

Wir halten uns aber nach *Abb. 1.1-1* an die dort gezeigte Auslegung des Schaltbildes und an die entsprechende mechanische Aufteilung der Platine. Bitte, genau betrachtet: links der Eingang, rechts der Ausgang. Keine Kreuz- und Querverlegung, sondern die Platine aufgrund der Schaltung zügig von links nach rechts aufbauen. Im oberen Teil der Platine – wie im Schaltbild – die Leitungsbahn für die positive Betriebsspannungsvorsorgung anordnen. Nach unten gehört die Masseleitung. Dazwischen liegen die aktiven und passiven Bauteile. Das ist auch weitgehend beschrieben in dem Buch: „Der Hobby-Elektroniker prüft seine Schaltungen selbst" (RPB 110), erschienen im Franzis-Verlag.

Merken wir uns also: Das elektrische Schaltbild in Funktionsblöcken von links (Eingang) nach rechts (Ausgang) gleich so aufteilen, daß eine leichte gedankliche Übernahme für die Platinenaufteilung bereits gegeben ist.

1.2 Die „Artwork" des Hobby-Elektronikers

Das also geht bereits ins Grafische, Künstlerische über – das Layout der Platine. Dafür ist es nun wichtig, einmal die Regeln des vorherigen Kapitels möglichst anzuwenden und dann nach dem Vorschlag von links nach rechts die Bauteile so aufzubauen, daß die Platine möglichst gleichmäßig dicht bestückt ist. Das gelingt oft erst nach dem dritten Entwurf. Und das ist auch gut, denn nur so werden Fehler zwischendurch mit erkannt.

Zwei schön gegensätzliche Varianten sind die in den *Abb. 1.2-1 und 1.2-2* zu erkennen. Die Bestückungsseite läßt

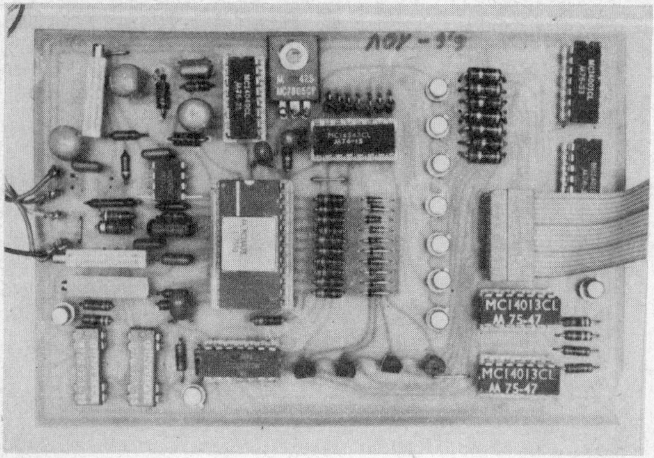

1.2-1 Die Bestückungsseite eines Laboraufbaues, mit der Printplatte, die eine nachträgliche Verdrahtung erhält. Diese erforderliche Verdrahtung führt zu einem neuen Layout ... und verschwindet dann.

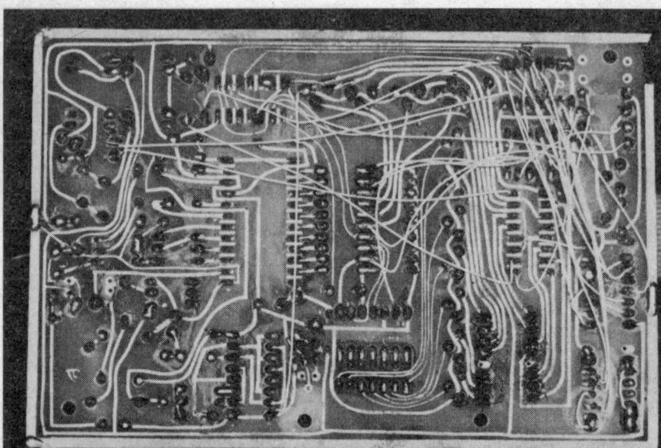

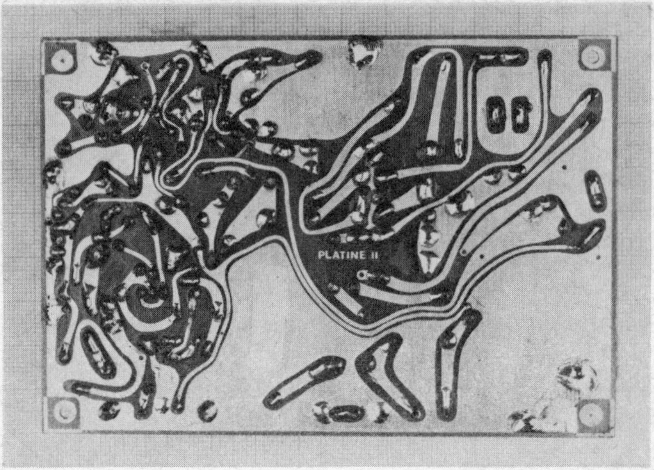

1.2-2 So geordnet gelingt es erst nach mehreren Anläufen

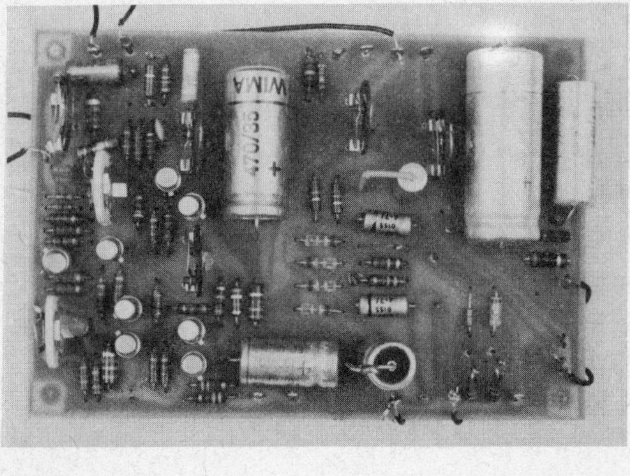

einen doch gut gelungenen Aufbau der Bauteile erkennen. Die Abb. 1.2-1 zeigt eine vorwiegend IS-bestückte Schaltung – es ist ein Digitalvoltmeter mit Motorola-Bauteilen, während die Abb. 1.2-2 einen linearen Meßverstärker mit Gleichrichterteil von 10 Hz ... 1 MHz mit diskreten Bauteilen aufgebaut, zeigt. Das Layout ist nun recht unterschiedlich. Die Abb. 1.2-1 hält sich an dünne (meist rechtwinklig) verlegte Leiterbahnen mit einem unterbrochenen Massering am Rand. Masseflächen innerhalb der Platine sind nicht vorhanden. Das Layout der Abb. 1.2-2 zeigt das Gegenteil mit vielen aufgeteilten Masseflächen zwischen den einzelnen Leiterbahnen. Das bringt zwei Vorteile: Einmal wird weniger Kupfer weggeätzt (rentabler) und zum anderen ergibt sich so eine bessere Funktionssicherheit durch Abschirmung einzelner Leitungen untereinander. Interessant noch auf Abb. 1.2-1 zu erkennen sind die nachträglich aufgelöteten Drahtverbindungen. Das ist für den Profi das tägliche Brot, bis dann beim zweiten oder dritten Entwurf auch diese Leitungen verschwinden.

Die Hilfsmittel für unsere „Artwork" sollen in Kapitel 3.1 näher beschrieben werden. Vorher lassen Sie mich hier noch etwas über die Leitungsverlegung sagen. Der Profi versucht, das layout der Platine so zu gestalten, daß er Leitungskreuzungen vermeidet – klar, das geht nicht mit Leiterbahnen auf der Platine. Einfach ist es natürlich nach *Abb. 1.2-3 a* eine oder mehrere Leiterbahnen unter einem Bauelement durchzuführen. Die *Abb. 1.2-3 b* zeigt, wie auf der Platine zwei Leitungen gekreuzt werden können. Das geschieht mit einer Drahtbrücke, die auf der Bauteileseite angeordnet ist. Übrigens sind in der Abb. 1.2-1 mehrere solcher Drahtbrücken zu erkennen.

Also, die Bauelemente schön gleichmäßig auf der Platine verteilen. Endstufentransistoren und Bauelemente, die sehr heiß werden, benötigen mehr Fläche, um nicht andere Bauteile „anzuzünden". Sie werden möglichst oberhalb der Platine angeordnet. Für gute Luftzirkulation ist dann zu sorgen. Eine „Artwork", wenn auch nicht getreu nach dem Vorschlag „schön von links nach rechts" ist in *Abb. 1.2-4* von dem Schaltbild a) über den Platinenentwurf b) bis zum Bestückungsplan c) gezeigt.

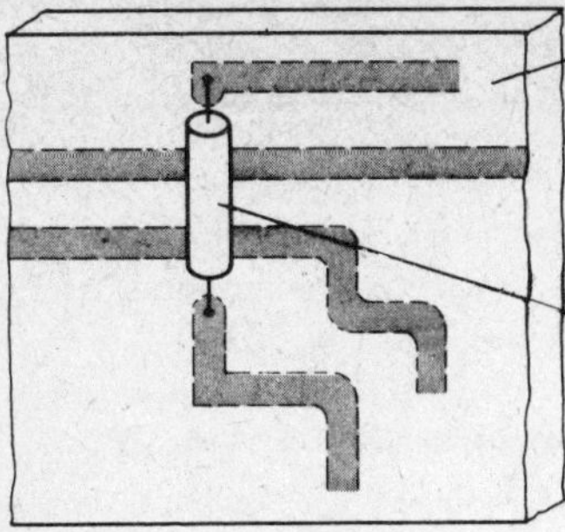

a

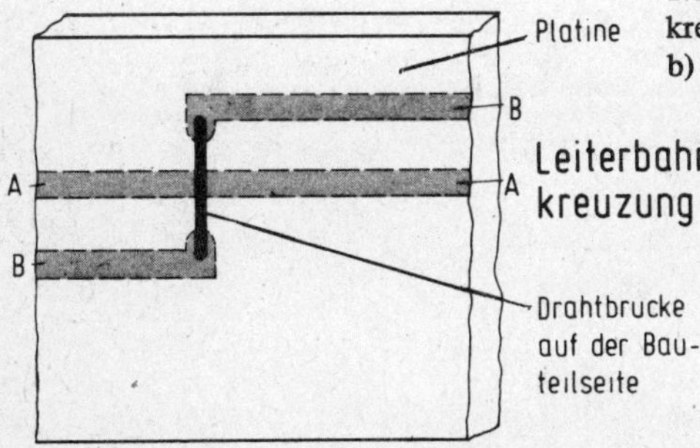

b

1.2-3 Mögliche Leitungskreuzungen a) Bauelement b) Draht

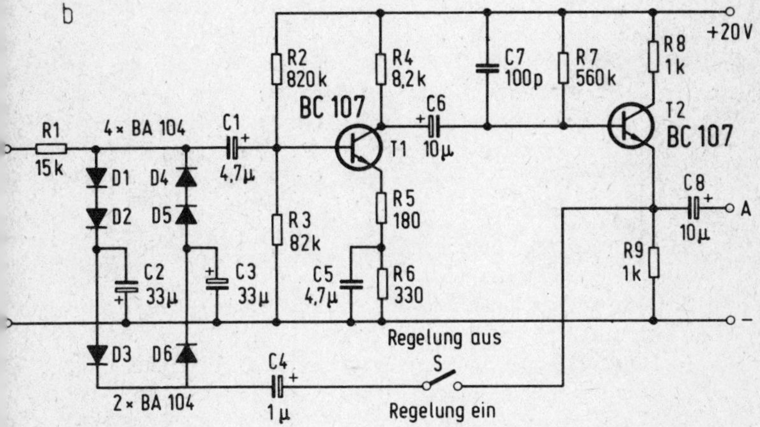

Abb. 1.2-4
a) Die elektrische Schaltung b) Der Print c) Der Bestückungsplan

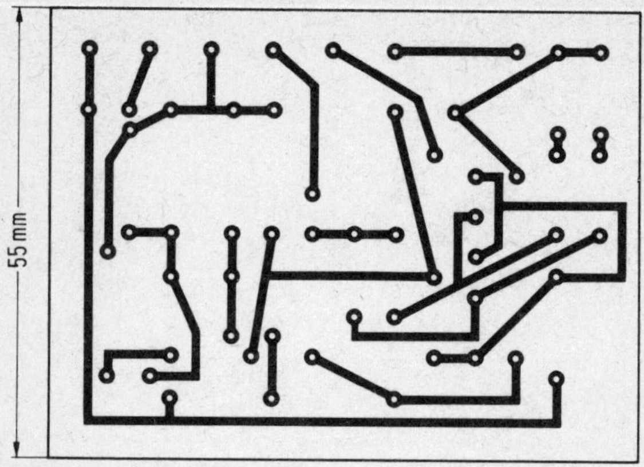

b

Abb. 1.2-4

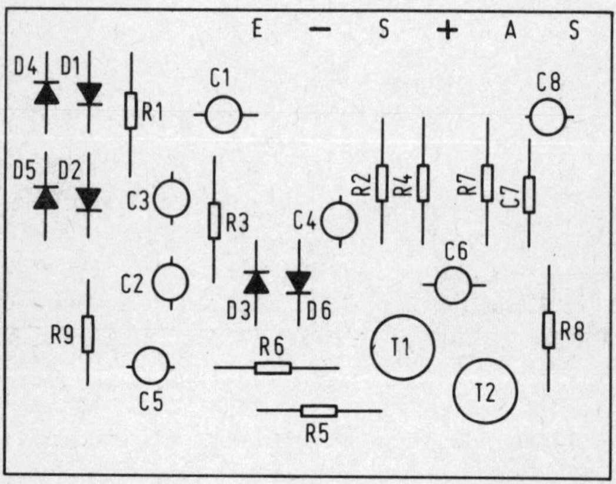

c

Abb. 1.2-4

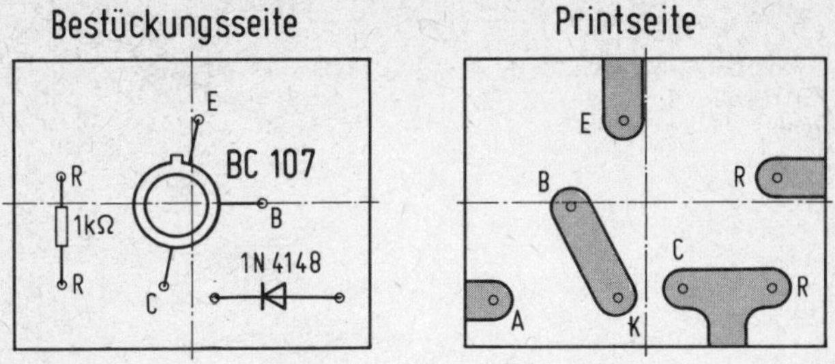

1.2-5 An das „Spiegelbild“ muß immer gedacht werden

Nun fehlt uns jedoch noch eine Erklärung oder besser gleich der spiegelbildliche Denkvorgang beim Planen der Platinenbahn, denn: Bestückungsplan (Oberseite der Platine) und Platinenlayout (Unterseite mit den Leiterbahnen) sind spiegelbildlich, zueinander. Das sollte uns in Abb. 1.2-4 c und b auffallen. Noch genauer jedoch zeigt es die *Abb. 1.2-5.* Bestückungsseite und Layout mit einem kleinen Transistor und seinen Anschlüssen E-B-C. Diese Anschlüsse „vertauschen” sich, je nachdem, von welcher Seite wir sie betrachten.

1.3 . . . und das sind die Rastermaße für die Hobby-Elektronik

Die Hersteller elektronischer Bauelemente haben sich dem 2,54-mm-Schritt ≙ 0,1 Zoll (Raster) angepaßt. Das bedeutet nach *Abb. 1.3-1*, daß die dort gezeigten Bauelemente zwischen ihren Anschlüssen jeweils einen Abstand von 2,54 mm oder einem Vielfachen davon aufweisen. Ein IC im DIL-14-Gehäuse hat somit zwischen den äußersten Anschlüssen nach *Abb. 1.3-2* den Abstand von 7 x 2,54 mm = 17,78 mm. Mit dem Wissen um dieses Rastermaß der Bauelemente lassen sich Anordnungen und zugehörige Bohrungen auf einer Platine nach *Abb. 1.3-3* dann auch exakt planen. Es sei aber auch darauf hingewiesen, daß mit dem Rastermaß 2,5 mm noch vereinzelt gearbeitet wird.

1.3-1 Bauteile haben genormte Rastermaße für die Platine

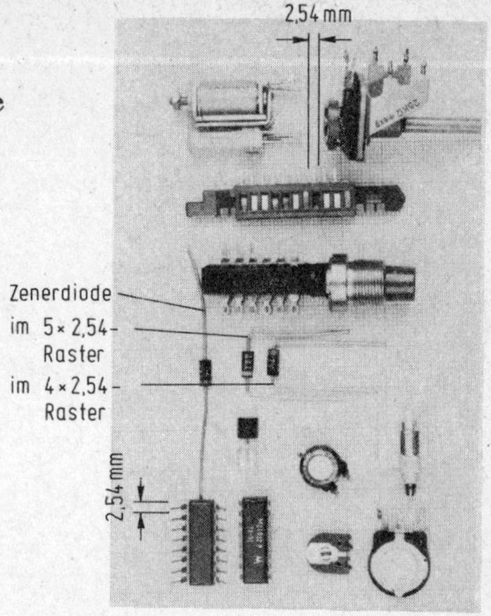

1.3-2 Maße von integrierten Schaltungen

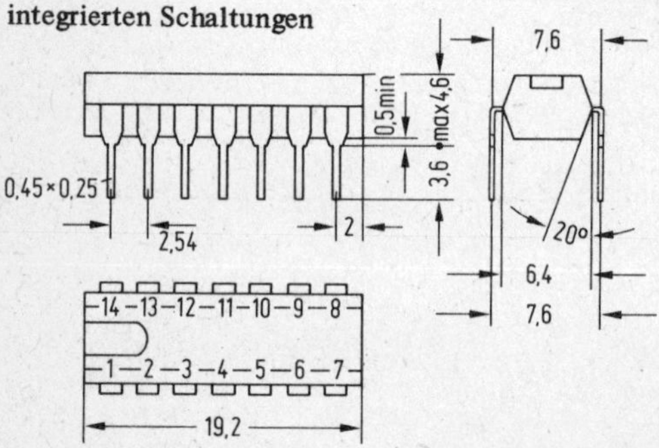

1.3-3 So werden ICs angeordnet – ich mache es mit IC-Sockeln

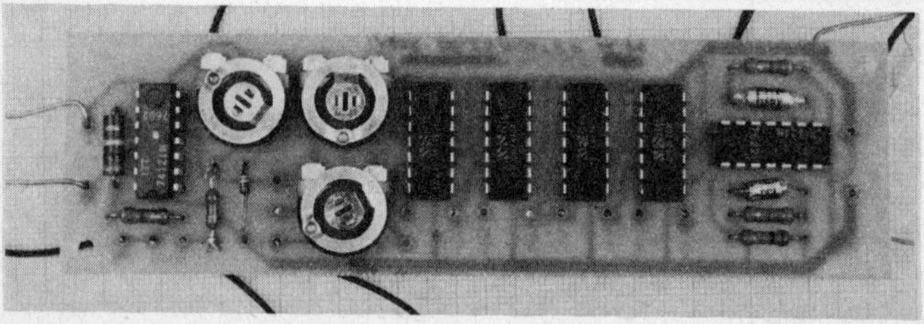

1.3-4 Die Platine kann auch gesteckt werden - siehe Abb. 1.5-7

Kleine Bauelemente werden z.B. nach Abb. 1.3-1 in entsprechenden Abständen von z.B. 4 x 2,54 mm oder 5 x 2,54 mm steckbar abgewinkelt. Wie wir das messen, ist im Kapitel 1.5 näher beschrieben.

Zu dem Rastermaß gehört nun auch noch die normgerechte Abmessung einer Platine. Durchgesetzt hat sich – besonders für Steckplatinen – das Eurokartenmaß 100 x 160 mm. Es ist nicht falsch, wenn wir in unserer Hobby-Praxis ein Seitenverhältnis von 1 : 1,6 für die Platinenabmessungen wählen.

Nun gibt es auch Steckplatinen, die für vorgesehene Steckverbindungen auf ein 2,54 mm Rastermaß abgestimmt sind. Die Leiterbahnen müssen dann nach *Abb. 1.3-4* entsprechende Zungenabstände haben. Um Irrtümer auszuschließen: die in Abb. 1.3-4 gezeigte Universalplatine hat einen Rasterabstand der Steckerseite von 4 mm.

1.4 Ein paar Hinweise aus der Praxis

Kleine Bauelemente wie Transistoren, Widerstände oder IC werden durch die Lötanschlüsse bereits mechanisch einwandfrei gehalten. Sinnvoll ist es auch, für Halbleiter Sockel zu benutzen, da der Einlötvorgang bei Bauelementen mit mehr als zwei Lötanschlüssen erfahrungsgemäß schwierig ist. Dafür sollte dann ein Vakuumlötsauger benutzt werden.

Größere Bauteile können auf die Printplatte geschraubt oder mit Zweikomponentenkleber geklebt werden. Werden Leistungstransistoren auf die Kupferkaschierung geschraubt, so ergibt sich gleichzeitig eine gute Wärmeableitung für das Halbleiterbauelement. Vorsicht ist geboten, wenn auf einer Platine die Niederspannung und die Netzspannung geführt werden. Die Netzspannungsbahnen sollten berührungssicher abgedeckt werden.

Schwere Bauteile, wie z.B. Kleintransformatoren, müssen geschraubt werden. Besteht die Gefahr, daß die Platine durch starke mechanische Belastung an der Schraubstelle ausreißt, so kann der Druck über eine Unterlegscheibe auf eine größere Fläche der Platine verteilt werden. Wir hatten schon erwähnt, daß Bauteile mit Wärmeentwicklung bei einer vertikal montierten Platine möglichst oben angeordnet werden sollten.

In dem Buch „Der Hobby-Elektroniker prüft seine Schaltungen selbst“ (RPB 110) ist auch noch näher auf die Anordnung der Siebelkos eingegangen worden. Diese sollten an der Einführungsseite der Betriebsspannung liegen.

Bei größeren Platinen und besonders bei Anordnungen, die dem Streufeld des Netztrafos ausgesetzt sind, versuchen wir, eine leitende geschlossene Schleife – z.B. Massebahn – zu umgehen. Dort werden Störspannungen induziert.

Die Breite der Platinenbahn sollte in unserer Hobby-Praxis 1,5 mm nicht unterschreiten. Die Abstände zwischen zwei Leiterbahnen sollten ebenfalls nicht kleiner als 1,5 mm gewählt werden. Die „Artwork” kann recht gut auf transparentem Millimeterpapier geplant (und korrigiert) werden. Das Papier eignet sich auch für das Fotokopierverfahren (siehe Kap. 3).

Lassen Sie am Rand der Platine genügend Platz, damit sie sicher befestigt werden kann. Wegen evtl. Signalverschleifungen ist es nicht richtig, das Massepotentional der Platine über eine mechanische Platinen-Befestigung zu erhalten. Immer eine elektrisch genau definierte Zuleitung benutzen. In Fällen, wo eine Abschirmung erforderlich ist, lassen sich selbstgefertigte Abschirmhauben aus Weißblech direkt auf die Platte löten. Siehe dazu die Abb. 1.5-8.

In der Praxis läßt es sich auch gut mit Millimeterpapier arbeiten, so wie es die *Abb. 1.4-1* erkennen läßt. Entsprechende der Bauteilegröße werden nach Abb. 1.4-1 a die Bahnen gezeichnet. In der Abb. 1.4-1b sind die Punkte für die Durchbohrungen angegeben. Die Millimetervorlage schafft hier saubere und genaue Arbeiten.

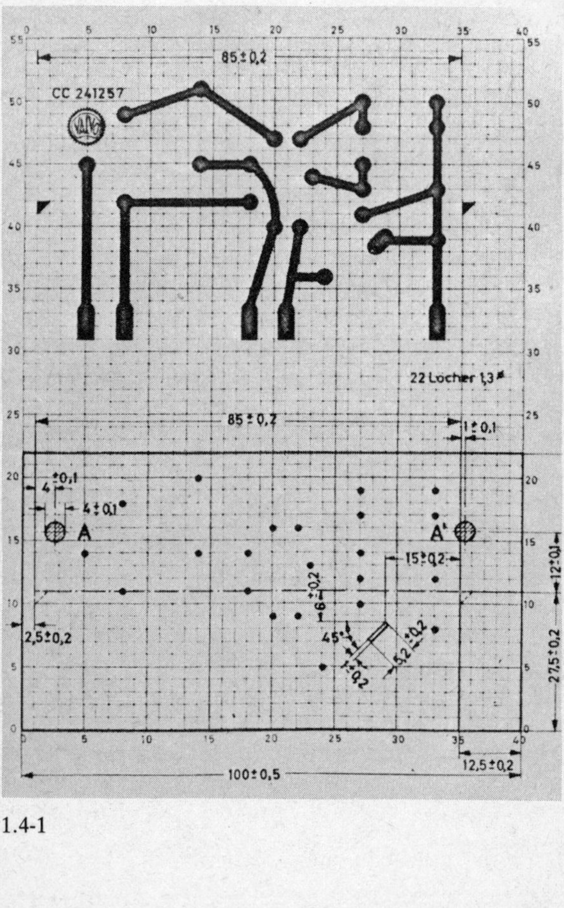

Abb. 1.4-1

1.5 Das mechanische Werkzeug und die Bearbeitung der Printplatte

Für die Herstellung und Bearbeitung einer Printplatte ist gutes mechanisches Werkzeug unerläßlich. Das ist als kleine Auswahl in *Abb. 1.5-1* gezeigt. Darin ist zu finden:

1. Schieblehre
2. Metallmaßstab
3. Reißnadel
4. 3 mm-Gewindebohrer für Befestigungslöcher
5. Fräser (Zahnarztbohrer) für evtl. Trennen von Leiterbahnen
6. 0,8 mm-Spiralbohrer für Lötlöcher kleiner Bauelemente
7. 1 mm-Spiralbohrer für stärkere Anschlußdrähte, (Sockel- und Trimmeranschlüsse)
8. 2,4 mm-Spiralbohrer für das 3 mm-Gewindeloch
9. 3,0 mm-Spiralbohrer für Montagelöcher

Das Platinenmaterial kann gut mit der Laubsäge getrennt werden. Es läßt sich gut sägen, bohren oder feilen. Die Platine soll beim Bearbeiten mechanisch gut gehalten werden, um

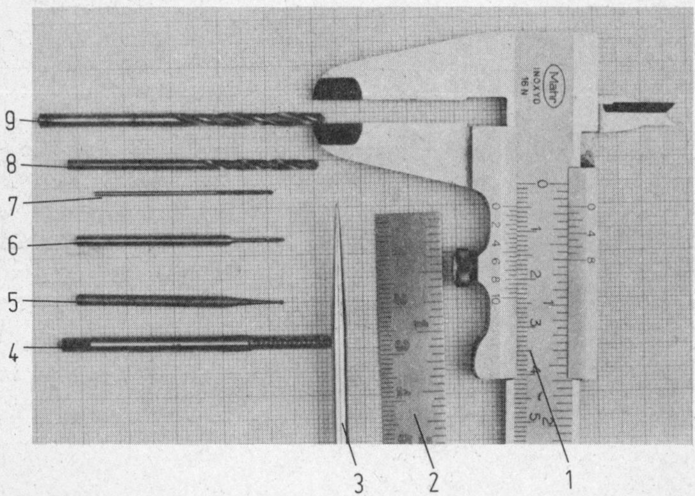

1.5-1 Werkzeuge für die Platinenfertigung

Haarrisse der Bahnen zu vermeiden, die beim Durchbiegen entstehen können.

Für den richtigen Bohrvorgang ist es wesentlich, eine kleine schnell laufende Ständerbohrmaschine oder eine Mini-Drill (ca. 30,– . . . 60,– DM) zu haben. Werte von 10000 $U/_{min}$ sind für die kleinen Bohrer richtig. Wird evtl. eine Bohrmaschine (auch elektrisch) von Hand geführt, so besteht sehr leicht die Gefahr, daß der Bohrer abbricht. Bohrlöcher für Drahtdurchführungen brauchen nicht vorher angekörnt zu werden. Platinen und Bauteile (kein Weichplastik) können sehr gut mit Zweikomponentenkleber befestigt werden. Lötnägel (siehe Abb. 1.5-11) werden in die kleine Bohrung getrieben. Sie dienen dazu, die Leitungsanschlüsse der Platine sicherzustellen. Soll die Platine später „gesteckt" werden, so muß die Außenkante mit den Leiterzungen nach Abb. 1.3-4 geplant werden.

Nach dem Sägen ist es wichtig, den Grat am Bearbeitungsrand wegzufeilen. Das besonders, wenn nach dem Fotokopierverfahren die Printvorlage plan auf der Platine aufliegen soll.

Beim Einlöten der Bauelemente soll der Lötvorgang kurz sein. Wird die Leiterbahn zu heiß, so besteht leicht die Gefahr, daß diese sich löst.

Für das Bohren der Löcher in der Platine ist es wichtig, den Durchmesser einiger Drahtanschlüsse von Bauelementen zu wissen. Hier sind sie:

Durchschnittliche Werte für die Hobby-Praxis – Maße in [mm]:

Widerstand	0,3 . . . 0,8	(meist 0,6 mm)
Kondensator	0,4 . . . 0,8	(meist 0,6 mm)
Elko	0,8 . . . 1,0	
Diode	0,5 . . . 0,8	
Transistor (klein)	0,45	
Transistor (groß TO 3)	1,1	
IC	0,45 x 0,25	
Trimmer	1,1 x 0,5	
Draht	0,4 . . . 1	
LED	0,5 x 0,5	
Lötnägel	0,8 . . . 1,2	(meist 1 mm)
Sockel (IS usw.)	0,5 x 0,75	

1.5.1 Sonderbauteile und Randgebiete der Platine

Für die Printplatte gibt es ein reichhaltiges Zubehör für Befestigungen, Verbindungen usw. zu kaufen. Darüber hinaus ist die Frage der Befestigung einer Printplatte von nicht untergeordneter Bedeutung. Besonders dann, wenn schwerere Bauteile wie Transformatoren hierauf befestigt werden. Hier müssen die Kräfte so abgefangen werden, daß die Printplatte sich nicht biegt oder gar bricht. Das bedeutet unter Umständen, daß die Printplatte an einer der Kanten durch einen Metallwinkel (Hobby-Geschäfte) aus Messing oder Aluminium mit ca. 10 mm Schenkellänge und ca. 1,5 . . . 2,5 mm Stärke verstärkt werden muß. Am besten geht es, indem der Winkel nach *Abb. 1.5-2* mit mehreren Schrauben M 3 an die Platte geschraubt wird. Dadurch wird die Seite versteift. Eine ähnliche Frage tritt auf, wenn die Printplatte im Gehäuse montiert werden soll. Dafür gibt es mehrere Möglichkeiten. Die *Abb. 1.5-3* läßt erkennen, daß an zwei Laschen der Platte die Möglichkeit gegeben ist, diese in entsprechenden Schlitzen oder Aussparungen des Gehäuses unterzubringen. Elegant geht es auch ähnlich der *Abb. 1.5-2* mit dem Winkel in *Abb. 1.5-4.* Hier ist zu empfehlen, besonders bei schwereren Aufbauten, anstelle eines Gewindes in der Printplatte

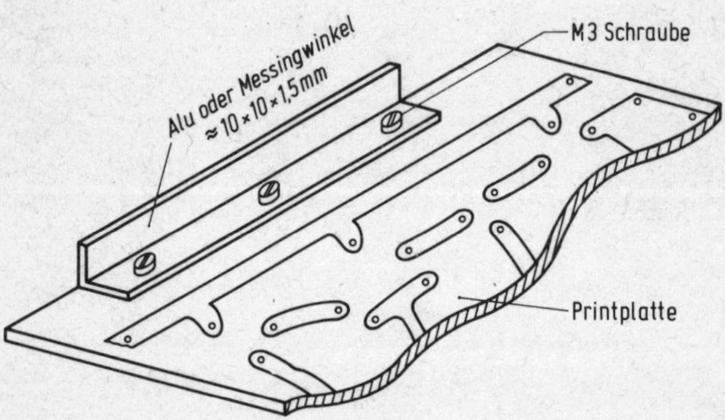

1.5-2 Versteifung einer Printplatte mit einem Winkel

1.5-3 Laschen an der Platine zúr Befestigung

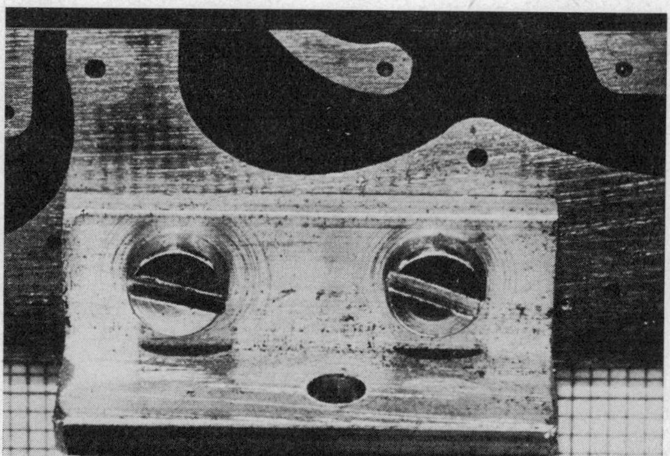

1.5-4 Ein aufgeschraubter Winkel für die Befestigung

1.5-5 Hier ist der Winkel mit Zweikomponentenkleber befestigt

1.5-6 Ein selbstgefertigter Winkel aus Messingblech kann gelötet werden

lieber Schrauben mit Muttern zu benutzen. Das kann nach *Abb. 1.5-5* umgangen werden, wenn der Winkel mit Zweikomponentenkleber auf die Platine geklebt wird. Auf dem gleichen Foto sind drei Kontaktbauelemente zu erkennen. Eine Kelchfeder für eine Steckerleiste . . . hier werden mehrere in Reih und Glied gemäß dem Steckerraster aneinandergereiht. Weiter sind hier noch verschiedene Lötnägel zu sehen. Eine weitere Möglichkeit der Platinenbefestigung zeigt die *Abb. 1.5-6.* Hier ist ein kleiner selbstgefertigter Winkel aus Messingblech zu sehen, der mit einem Lötkolben (30 Watt) auf eine Kupferfläche der Platine aufgelötet werden kann. Eine weitere Befestigungsmöglichkeit – so richtig profilike – zeigt das Foto *Abb. 1.5-7.* Hier sind Leiterbahnen als Steckanschlüsse ausgeführt. Eine derartige Platte kann dann in eine dazugehörige Steckerleiste (Buchse) gesteckt werden.

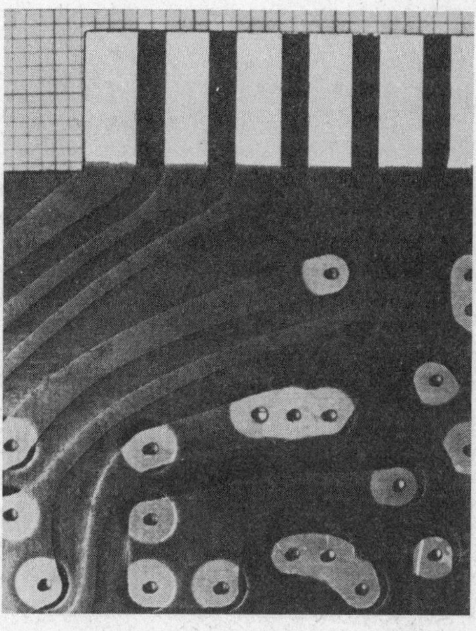

1.5-7 Leiterbahnen werden zu Steckkontakten

1.5-8 Abschirmungen aus dünnem Weißblech werden aufgelötet

Für bestimmte Aufbauten sind Abschirmungen erforderlich. Nach *Abb. 1.5-8* können diese aus dünnem Weißblech oder Messingblech (z.B. 0,3 mm . . . 0,5 mm) vorgeformt werden. Diese fertigen Abschirmungen können direkt auf die Platine durch Löten montiert werden. Es ist dafür zu sorgen, daß vorher an den möglichen Lötstellen entsprechende Kupfermasseflächen zur Verfügung stehen. Auch muß mit einem entsprechend großen Lötkolben (30 Watt (60 Watt)) gelötet werden.

Wer sich mit Hochfrequenz beschäftigt, dem wird es leicht möglich sein, Spulen durch Leiterbahnen nach *Abb. 1.5-9a* zu bilden. In die Mitte wird ein ehemaliger Spulenkörper zur Aufnahme des Kernes gesetzt – evtl. Abschirmungen nicht vergessen. Die *Abb. 1.5-9b* zeigt einen Antennenübertrager, der durch Leiterbahnen gebildet wird.

Nun noch ein paar Worte zu den Anschlüssen einer Platine. Wir haben schon gelesen, daß der Hobbyfachhandel hier eine große Auswahl an verschiedenen Bauteilen bereithält. Ein Printnagel mit Steckerschuh als Lötverbindung ist in *Abb. 1.5-10* gezeigt. Fertig montiert ist das in der *Abb. 1.5-11*zu sehen.

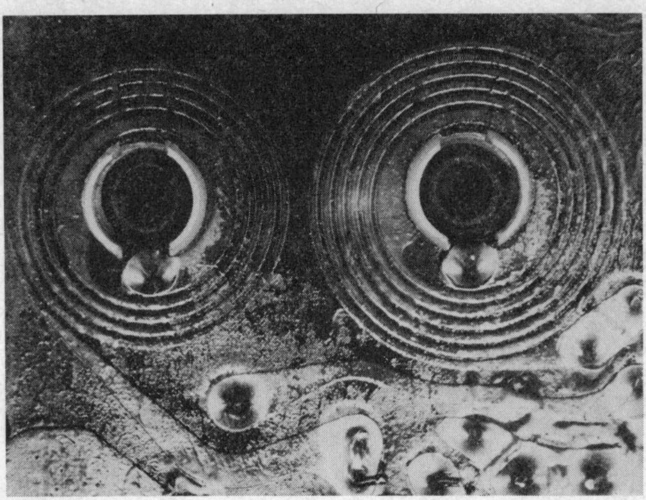

Abb. 1.5-9a/b Hf-Technik der Printplatte a) Spulendarstellung
b) Hf-Übertrager

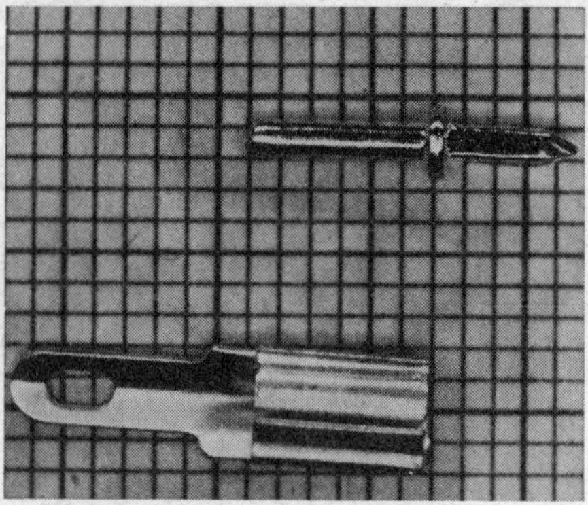

1.5-10 Der Printnagel mit Steckerschuh

1.5-11 Die gelötete Steckverbindung

Eine weitere Auswahl von Möglichkeiten des Anschlusses an eine Platine ist in den Bauteilen der *Abb. 1.5-12* zu erkennen. Für HF-Anwendungen und für Fälle, wo hohe Spannungen weitergeleitet werden müssen, empfehlen sich Keramikstützpunkte und Keramikdurchführungen, so, wie sie in *Abb. 1.5-13* gezeigt sind.

1.5-12 Löt- und Steckverbindungen für den Platinenbau

1.5-13 Keramikstützpunkte und Durchführungen

Die *Abb. 1.5-14* ist das Foto eines kleinen NF-Verstärkers. Das Aluminiumblech ist mit Winkeln an der Platine befestigt. Auf dem Alublech sind die beiden Endstufentransistoren mon-

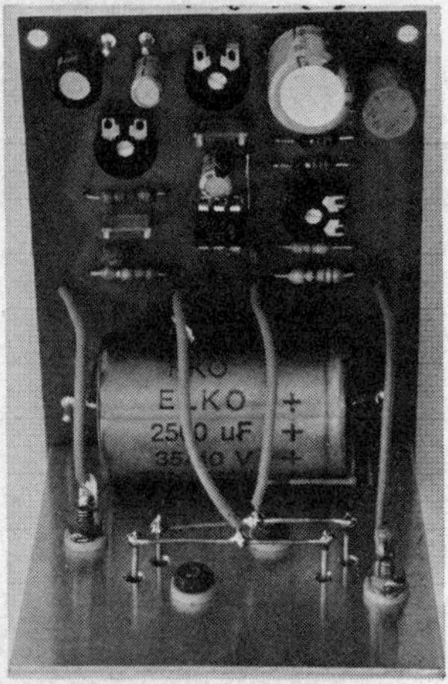

1.5-14 Bestückungsseite und Kühlblech eines NF-Verstärkers

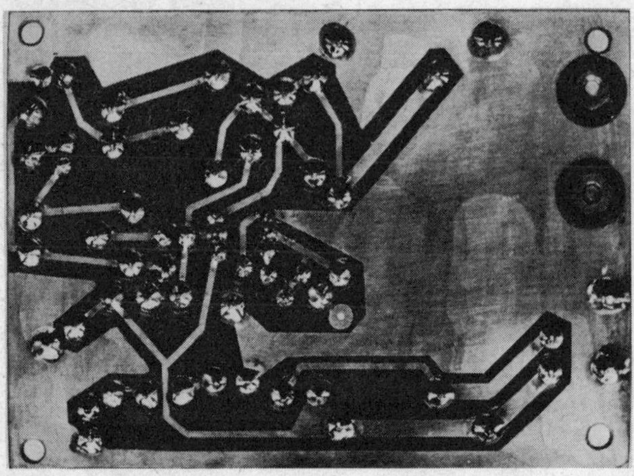

tiert. Das Blech gilt somit gleichzeitig als Wärmeableiter. Die Platinenbahn sehen wir in der *Abb. 1.5-15.* Diese Bahnen sind nicht geklebt worden, sondern mit einem Ätzresiststift (Edding 3000) gezeichnet. Wichtig zu erkennen sind hier auch wieder die großen Masseflächen. Wie gesagt haben wir hier den Vorteil definierter Masseströme – besonders im Hf-, Impuls- und Digitalgebiet –. Weiterhin sollte man das Layout immer so planen, daß möglichst wenig Kupferfläche weggeätzt werden muß. Man spart Zeit, braucht weniger Ätzflüssigkeit und hat den Vorteil größerer elektrischer Betriebssicherheit.

Für professionelle Anwendungen werden oft doppelseitig kaschierte Platten benutzt. Also solche, bei denen auf beiden Seiten Leiterbahnen verlaufen. Das ist in den Fotos *Abb. 1.5-16a* und *b* zu erkennen. Der Vorgang der Herstellung ist für uns der gleiche. Die jeweils nicht in Arbeit befindliche Seite wird mit

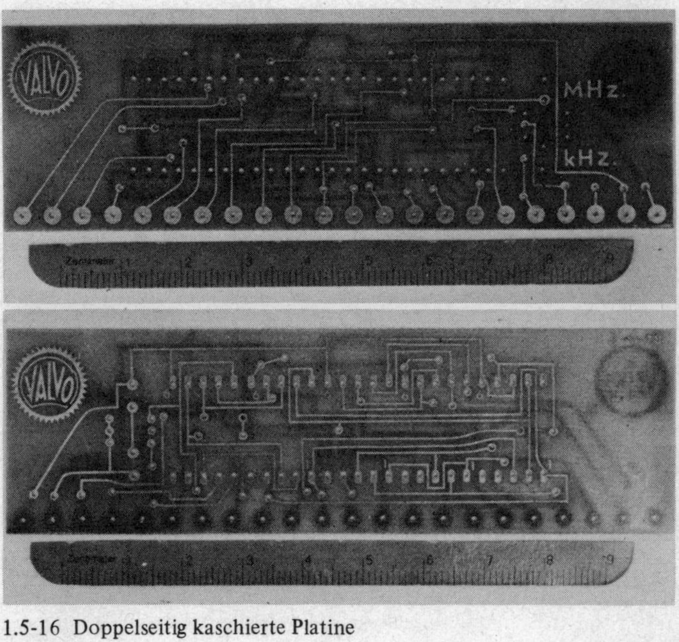

a

b

1.5-16 Doppelseitig kaschierte Platine

einem ätzfesten Schutzlack (Spraydose) überzogen. Das gilt auch für die erste Seite, bei der bereits die Leiterbahnen fertig sind. Die Bohrungen erfolgen als letztes. An Stellen, wo die Bohrungen mit den Bahnen beidseitig verbunden werden sollen, benutzen wir entsprechend starke Drähte, die, durch die Bohrungen gesteckt, dann beiseitig verlötet werden.

1.5.2 Praxis der Gewindeschrauben

Nun gibt es bestimmte Gewindeschrauben, die für die Hobbyelektronik von Interesse sind. Das soll einmal das Foto *Abb. 1.5-17* zeigen. In der einen Reihe sind 3 Gewindeschrauben für metrisches Gewinde zu sehen. Darüber eine Auswahl von sogenannten selbstschneidenden Schrauben für Metalle und Plastik. Zwei Muttern und Unterlegscheiben ergänzen die Abbildung. Die häufigsten metrischen Schrauben für die Hobbypraxis und die dafür erforderlichen Bohrungen sind in der folgenden Tabelle aufgeführt.

1.5-17 Metrische und selbstschneidende Gewindeschrauben

Nennmaß	Bohrdurchmesser für Gewindeloch (mm)	Bohrdurchmesser für Aufbauten (mm)	Mutternkopf (Sechskant(mm)
M 2	1,6	2,2	4
M 3	2,5	3,2	5,5
M 4	3,3	4,3	7
M 5	4,1	5,3	9
M 6	4,9	6,4	10

Wer die Tabelle nicht zur Hand hat, kann das „Gewinde" mit 0,8 multiplizieren und erhält annähernd den Durchmesser des Bohrers für das Gewindeloch. Beispiel: Gewinde M 4 (4 mm) erhält ein

Bohrloch von 4 x 0,8 ≈ 3,2 mm.

Gewindebohren

Ist das Loch – senkrecht! – gebohrt, so wird nach Foto 1.5-1 der (die) Gewindebohrer benutzt. Dazu ist folgendes anzumerken. Es gibt für ein Gewinde Gewindebohrsätze zu drei Stück (Vorschneider, Schneider, Nachschneider). Die sind gekennzeichnet mit einem, zwei oder drei Ringen. Der 3. Bohrer ist (oft auch ohne Ring) und wird in dieser Reihenfolge auch benutzt. Andererseits gibt es auch Universalbohrer. Diese sind teuer und beinhalten alle drei Vorgänge „in sich". Wie bei vielen schneidenden Vorgängen in der Mechanik soll auch beim Bohren – besonders beim Gewindebohren oder Schneiden – geschmiert werden. Da es sich um langsame Vorgänge handelt, eignet sich Fahrradöl vorzüglich. Für Thermoplaste kann auch Spiritus benutzt werden. Gewindebohrer müssen in dem Schneidhalter mit verstellbarer Vierkantaufnahme senkrecht geführt werden. Nach zwei bis drei Umdrehungen sollte man auch einmal kurz zurückdrehen (Material von der Schneide lösen).

1.5.3 Selbstschneidende Schrauben

Vorgestellt habe ich diese schon in Abb. 1.5-17. Nach der folgenden Tabelle sind dafür Kernlöcher zu bohren.

Schneidschraubendurchmesser (mm)	Kernlochdurchmesser (mm)
2,5	2,2
3	2,7
4	3,6
5	4,5

Für Befestigungen in Platinen, die nicht oft gelöst werden müssen, eignen sich die selbstschneidenden Schrauben gut, denn sie ersparen uns den Arbeitsgang des Gewindeschneidens.

2 Auch die Printplatte hat ihre technischen Daten

Materialien für Platinen sind nicht gleich. Es gibt je nach Anwendungsfall in der Elektronik verschiedene Basis (Isolier)-Stoffe und auch verschiedene Leitermaterialien. (Näheres dazu auch im „Großen Werkbuch Elektronik", Franzis-Verlag).

2.1 Die Materialien und ihre Abmessungen

Für universelle Anwendungen – so auch in unserer Hobby-Praxis – haben sich zwei Trägermaterialien durchgesetzt. Das ist einmal Hartpapier, auch Epoxyd-Hartpapier, und zum anderen Epoxyd-Glasgewebe für besondere mechanische Beanspruchungen. Letzteres kann man an dem etwas transparenten, grünlich aussehenden Material erkennen. Das ist in jeder Hinsicht die

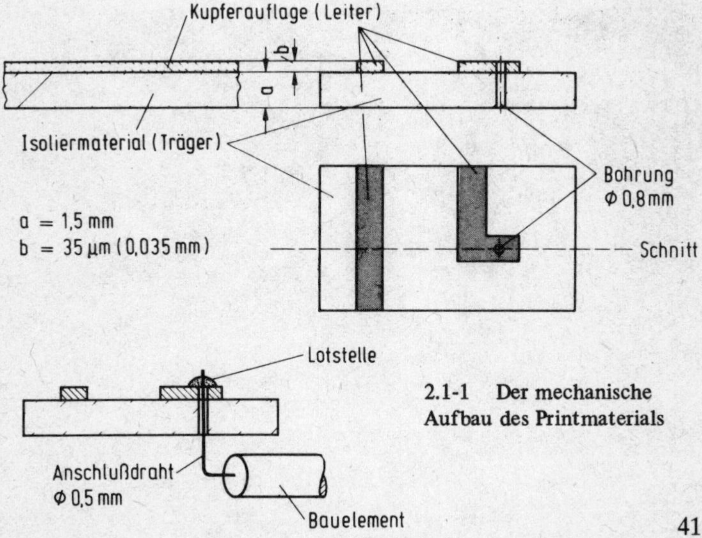

2.1-1 Der mechanische Aufbau des Printmaterials

bessere Qualität gegenüber dem dunkelbraun aussehenden Hartpapierträger.

Für beide Materialien ist die Standardstärke 1,5 mm. Die übliche Kupferauflage – als Leiter –, die sich bei unbenutzten Platinen über die ganze Fläche des Isolierträgers hinzieht, hat eine Stärke von 35 μm (0,035 mm). Es gibt jedoch auch für Sonderanwendungen eine solche von 70 μm. Auch sind Isoliermaterialien zwischen 0,5 mm . . . 4,0 mm möglich. Die *Abb. 2.1-1* zeigt die Abmessungen nur im Prinzip wegen der starken Größenunterschiede. Auf jeden Fall ist zu erkennen, wie ein Bauteil durch den Lötvorgang befestigt wurde und mit welchen Größendimensionen wir dort zu arbeiten haben.

2.2 Die Belastbarkeit der Leiterbahn

Eine Leiterbahn mit z.B. 35 μm Kupferstärke und einer Breite von z.B. 1 mm wirkt bei größeren Strömen wie eine Sicherung – sie brennt durch. Um dieses „größere“ in den Griff zu bekommen, sollten wir uns vorerst einmal mit dem Ohmschen Widerstand einer Leiterbahn beschäftigen. Dieser errechnet sich aus

2.1-2 Eine Platine kann viele Arten von Bauelementen tragen

$$R = \frac{0{,}0179 \cdot l}{d \cdot b}$$

Damit die Praxis nicht zu kurz kommt: In der *Abb. 2.1-2* ist gut zu erkennen, wie die Bestückungsseite einer Platine aussieht und was sie alles „tragen" muß. Drehkondensatoren, Transformatoren, Spulen, Quarze und Potentiometer – um nur ein paar größere Bauelemente zu nennen, lassen sich mechanisch gut auf der Printplatte montieren. Im Zentrum der Abbildung ist sogar eine kreisrunde zweite Printplatte zusätzlich montiert, welche Trimmer und Widerstände trägt.

In der obigen Formel ist dann:

l	=	Länge der Leiterbahn	[m]	
d	=	Stärke der Leiterbahn	[mm]	(Kupferauflage)
b	=	Breite der Leiterbahn	[mm]	
R	=	Leiterbahnwiderstand	[Ω]	

Dafür das Beispiel mit einer Länge l = 5 cm, d = 35 μm und der Breite von b = 1 mm. Dann wird

$$R = \frac{0{,}0179 \cdot 0{,}05}{0{,}035 \cdot 1} = 25\ \text{m}\Omega$$

Allgemein läßt sich sagen, daß bei einer Leiterbreite von 2 mm der Bahnwiderstand R ≈ 2,5 $\text{m}\Omega/_{\text{cm}}$ groß ist bei d = 35 μm.

Für die kleinen Signalströme, mit denen wir oft in der Hobby-Praxis arbeiten, können Leiterbreiten bis 1 mm bedenkenlos benutzt werden. Machen wir es uns einfach und „überlasten" eine 1 mm Leiterbahn nicht höher als mit 1 Ampere. Das bedeutet, daß bei Leitungsendstufen mit hohen Strömen, so z.B. bei Nf-Endstufen, Leiterbreiten mit 5 mm oder noch größer gewählt werden sollten. Das betrifft auch den Aufbau von Netzteilen, besonders den Kreis des Gleichrichters und des Ladeelkos bis zur elektronischen Stabilisierung.

2.3 Induktivitäten und Kapazitäten

Werden Leiterplatten in der HF- oder Impulstechnik benutzt, dann ist die sich aus den geometrischen Abmessungen bildende

Kapazität und Induktivität nicht mehr zu vernachlässigen.

Für die Ermittlung der Induktivität ist überschlägig zu rechnen:

$$L \approx 8 \cdot l \qquad L \; [nH] \qquad l \; [cm] \quad \text{(Leiterlänge)}$$

Diese Formel gilt für b (Leiterbreite) ≫ d (Leiterdurchmesser), was in der Praxis meist gegeben ist.

Bei der Ermittlung der Kapazität zwischen zwei parallel laufenden Leiterbahnen ist nach folgender Gleichung ein praxisnahes Ergebnis zu erhalten:

$$C \approx 0{,}3 \cdot \frac{b \cdot l}{a}$$

Darin ist dann:

C = Kapazität der beiden Leiter zueinander [pF]
b = Leiterbreite [cm]
a = Abstand der Leiter zueinander [cm]
l = Leiterlänge [cm]

Auch dafür ein Beispiel. Werden zwei Leiter 10 cm parallel geführt, ist die Leiterbreite b = 2 mm und der Abstand a = 1 mm, so ist die sich bildende Kapazität mit

$$C \approx 0{,}3 \cdot \frac{0{,}2 \cdot 10}{0{,}1} = 6 \text{ pF}$$

zu ermitteln. Nähere Angaben dazu im „Großen Werkbuch Elektronik", Franzis-Verlag.

2.4 Löten und Entlöten von Bauteilen

Bei zu großer Hitze und einem zeitlich zu langen Lötvorgang löst sich die Leiterbahn vom Isolierträger. Hier empfehle ich, es einmal an einer „alten" Platine auszuprobieren, damit Sie dafür das richtige Gefühl erhalten. Die Löttemperatur sollte möglichst unter 250 °C bleiben und keinesfalls die Zeit von 5 s überschreiten.

Die Leiterbahn ist sehr lötfreudig, deshalb ist das Einlöten von Bauelementen einfach. Als wichtigste Regel gilt, daß der Lötkolben – ein Feinlötkolben von z.B. 15 W – sowohl die Leiterbahnstelle, den Bauteileanschlußdraht als auch das zugeführte Elektronik-Lötzinn gleichzeitig erhitzt. Es ist nicht sinnvoll, die Leiterbahn vorher zu verzinnen, da dann erfahrungsgemäß das Bohrloch mit Zinn verdeckt wird. Überstehende Drähte werden anschließend mit dem Seitenschneider abgetrennt. Diese Vorgänge sind in der Abb. 2.4-1 festgehalten.

Werden Bauelemente mit mehreren Anschlüssen – so z.B. IC-Bausteine – eingelötet, so wird erst ein „Bein" angelötet, das IS dann mechanisch gerade ausgerichtet und diagonal das gegenüberliegende „Bein" angelötet. Dann sitzt das Bauelement mechanisch gerade. Es empfiehlt sich, später alle z.B. 14 Anschlüsse bei einem DIL-14-Gehäuse noch einmal kurz zu erhitzen, da hierdurch evtl. mechanische Spannungen behoben

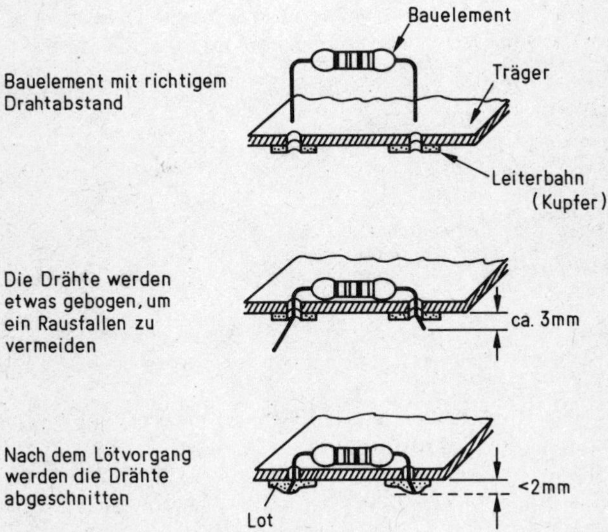

2.4-1 Ein Bauelement wird eingelötet.

werden. Über die Behandlung der IS-Bauelemente beim Einbau ist in den Büchern „Der Hobby-Elektroniker prüft seine Schaltungen selbst" RPB 110, und „Der Hobby-Elektroniker prüft seine Bauelemente selbst" RPB 102, beide im Franzis-Verlag erschienen, näheres nachzulesen.

Das Auslöten von Bauelementen gestaltet sich entschieden schwieriger. Bauelemente mit nur zwei Drahtanschlüssen lassen sich nach Erhitzen einer Lötstelle „heraushebeln". Das wird gleich anders, wenn drei oder gar noch mehr Anschlüsse von einem Bauelement vorliegen. Hier gibt es nur zwei Möglichkeiten in unserer Hobby-Praxis. Da ist einmal zinnaufsaugendes Geflecht (in Rollen erhältlich) zu nennen. Weitaus besser geht's jedoch mit einer Vakuumpumpe, dem Lötsauger. Hier wird bei gleichzeitigem Erhitzen Pin für Pin eines Bauelementes von Lötzinn befreit (abgesaugt), bis es sich dann leicht herausheben läßt. Diese Methode ist gleichzeitig auch die schonendste für Platine und Bauteil. Entstehen bei unsachgemäßer Behandlung der Leiterbahn einmal Haarrisse oder löst sie sich an einzelnen Stellen, dann kann die Leiterbahn mit einem Draht nachgeformt werden. Der Draht wird dann in seiner erforderlichen Länge auf die Bahn gelötet.

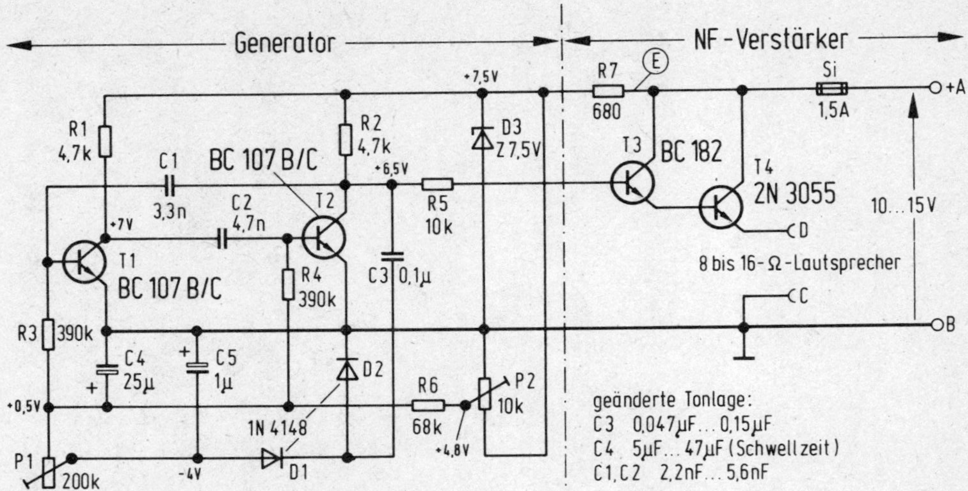

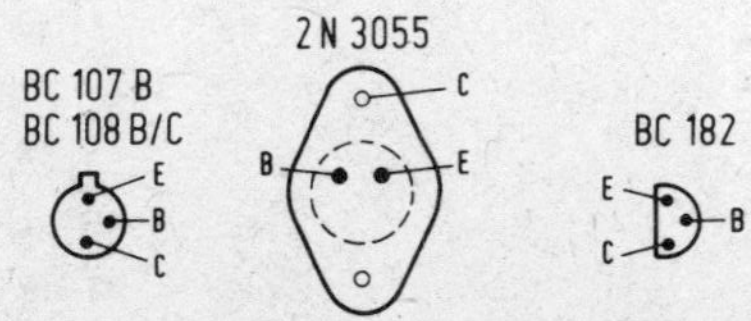

3.0-1 Das Schaltbild eines Heultongenerators

3 Die Printplatte wird angefertigt

Sicherlich haben wir bei dem Gedanken an eine Printplatte immer die industriell sauber gefertigte Ausführung vor Augen. So gut wie die Profis, die es tagtäglich machen, können wir es zu Anfang nicht. Da fehlt uns die Erfahrung und die Übung. Nun sehen wir uns ruhig einmal die Schaltung *Abb. 3.0-1* an. Es handelt sich hier um einen kleinen Heultongenerator für Alarmmelder. Diese Platine ist „handgemalt", das heißt, das Layout ist direkt mit einem ätzfesten Lackstift auf die Kupferbahn aufgetragen worden. Aber das soll das nächste Kapitel klären. Dazu ist der Bauteileaufbau nach *Abb. 3.0-2 a* und die Bahnführung in *Abb. 3.0-2 b* gezeigt. Fürwahr nicht das sauberste Aussehen. Wer jedoch seine erste Platine gleich so hinbekommt, kann sich glücklich schätzen . . . ich benötigte mehrere Anläufe bei meinen ersten selbstgefertigten Platinen.

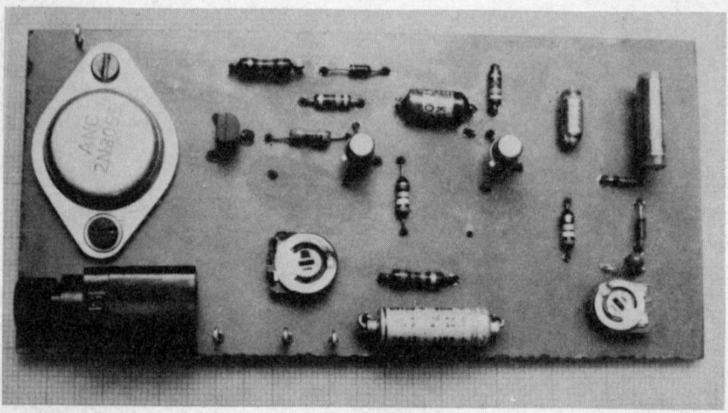

3.0-2a) Die Bestückungsseite von Abb. 3.0-1

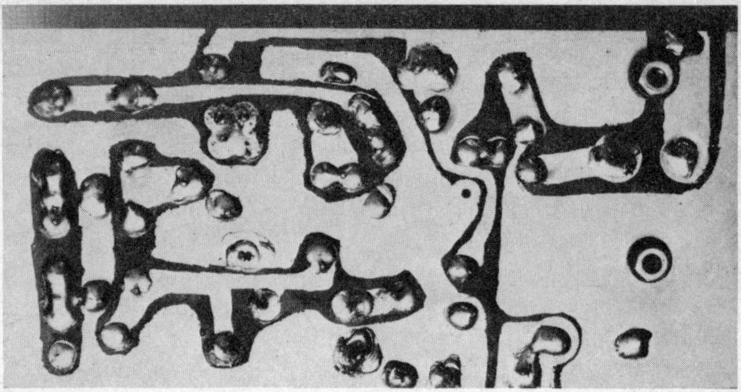

3.0-2b) Der „schnell“ gefertigte Print

3.1 Die richtigen Methoden, das Layout festzuhalten

Wir hatten uns bereits in Kapitel 1.2 darüber unterhalten, daß eine übersichtliche Schaltung aufgeräumt und gut verteilt mit ihren Bauelementen auf die Platine zu bringen ist. Sehen wir uns als Beispiel noch einmal die Fotos Abb. 1.3-3, 3.0-2 a, 1.2-2 und 1.2-1 an. Für diese Arbeiten sollte eine saubere Planung auf dem Papier über mehrere Skizzen zu einem Endresultat führen (siehe Abb. 1.2-4). Richtig ist es, auf Transparentpapier den Bestückungsplan gleich mit festzulegen, dann weiß man später, wofür welches Loch einmal gedacht war. Das zeigt auch das Foto Abb. 3.1-5.

In der Hobby-Praxis nun ist es sinnvoll, die erste Layout-Skizze im Maßstab 2 : 1 zu wählen. Dann läßt sich besser korrigieren und ändern. Der Radiergummi hat eben mehr Platz. Ist man der Meinung, es sei richtig, dann wird das Layout auf Transparentpapier – es darf mit Millimeteraufteilung sein – mit sehr weichem Bleistift im Maßstab 1 : 1 festgelegt. Sinnvoll ist es, mit Stechzirkel und dem Meßwerkzeug von Abb. 1.5-1 noch einmal die Abstände der geplanten Bohrungen nachzumessen. In dem Kapitel 3.3 werden wir über das Arbeiten mit dem Fotokopierlack sprechen. Hier soll uns also die Methode der direkten Ätzung interessieren. Die Leiterbahnen unseres Layouts müssen nun auf die Kupferfläche der Platine gebracht werden. Bevor das Layout auf die Platine gebracht wird, ist es wichtig, daß die Platine vorher gereinigt ist. Damit ist die Kupferseite gemeint. Das läßt sich unter fließendem Wasser mit einem Haushaltsscheuermittel (Ata) erledigen. Anschließend wird die Fläche mit fettlösendem Geschirrspülmittel behandelt. Im Zweifelsfall zusätzlich Trichloräthylen benutzen. Danach die Fläche nicht mehr mit dem Finger berühren. Oxydierte Flächen können auch mit Schmirgelleinen mit 400er ... 600er-Körnung behandelt werden. Wichtig ist, daß nach dem letzten Reinigungsgang die Fläche nicht mehr mit den Fingern berührt wird. An Stellen, die später weggesägt werden, lassen sich lange M3-Schrauben zum Festhalten der Platte anbringen. An den Stellen, wo die späteren Leiter laufen sollen, muß jetzt eine Schutzschicht entstehen, die das darunterliegende Kupfer gegen den Ätzvorgang absolut sicher schützt. Damit nun unser Transparent-Layout, etwa nach Abb. 1.2-4b oder Abb. 3.1-4, sicher übertragen wird, wählen wir Pauspapier und pausen somit das Layout unserer Transparentzeichnung auf die Kupferseite. Es genügen die Angaben der Bohrungen und die der Leiterführungen.

Für die ätzsichere Bahnführung gibt es dann zwei Methoden. Nach *Abb. 3.1-1* kann mit einem Ätzresiststift die Bahn direkt

3.1-1 Verschiedene Arten von Ätzresiststiften und ein Korrigiermesser

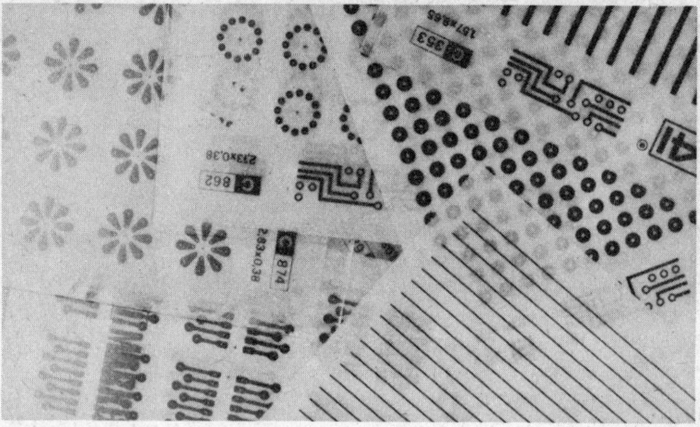

3.1-2 Vorlagen für Printbahnen und Sonderteilen

auf das Kupfer gezeichnet werden. Die in Abb. 3.1-1 enthaltenen Zeichenhilfen enthalten einen recht flüssigen, wasserfesten Lack, der leicht auf die Kupferseite aufzutragen ist. Ich benutze folgende Stifte, mit denen ich gute Erfahrungen gemacht habe: edding 3000 für große Flächen, edding 400 für die Leiterbahnen, DECON-DALO 2 M Professional, oder edding 1800 profipen für feinere Arbeiten an Bahnen und Lötaugen. Die Lackschicht des DECON-Schreibers ist etwas widerstandsfähiger, dafür ist die Lackflüssigkeit etwas träger im Fluß. Sollen auf dem noch feuchten oder bereits getrockneten Layout Korrekturen ausgeführt werden, so wird es schwierig. Mit einem fusselfreien Lappen und Aceton ist es möglich. Jedoch darf an der Kupferfläche, die später weggeätzt werden soll, kein Lackschleier verbleiben. Die Platine in *Abb. 3.0-2b* ist nach diesem „Schnellverfahren" hergestellt worden.

Die zweite Möglichkeit, das Layout für das direkte Ätzverfahren auf der Kupferseite zu bannen, besteht darin, daß wir die in reicher Auswahl angebotenen Aufreibe- oder Aufklebesymbole benutzen. Eine Auswahl davon ist auf dem Foto *Abb. 3.1-2 und 3.1-3* zu erkennen. Diese gibt es für Leiterbahnen und Lötaugen in verschiedenen Stärken und als Form-

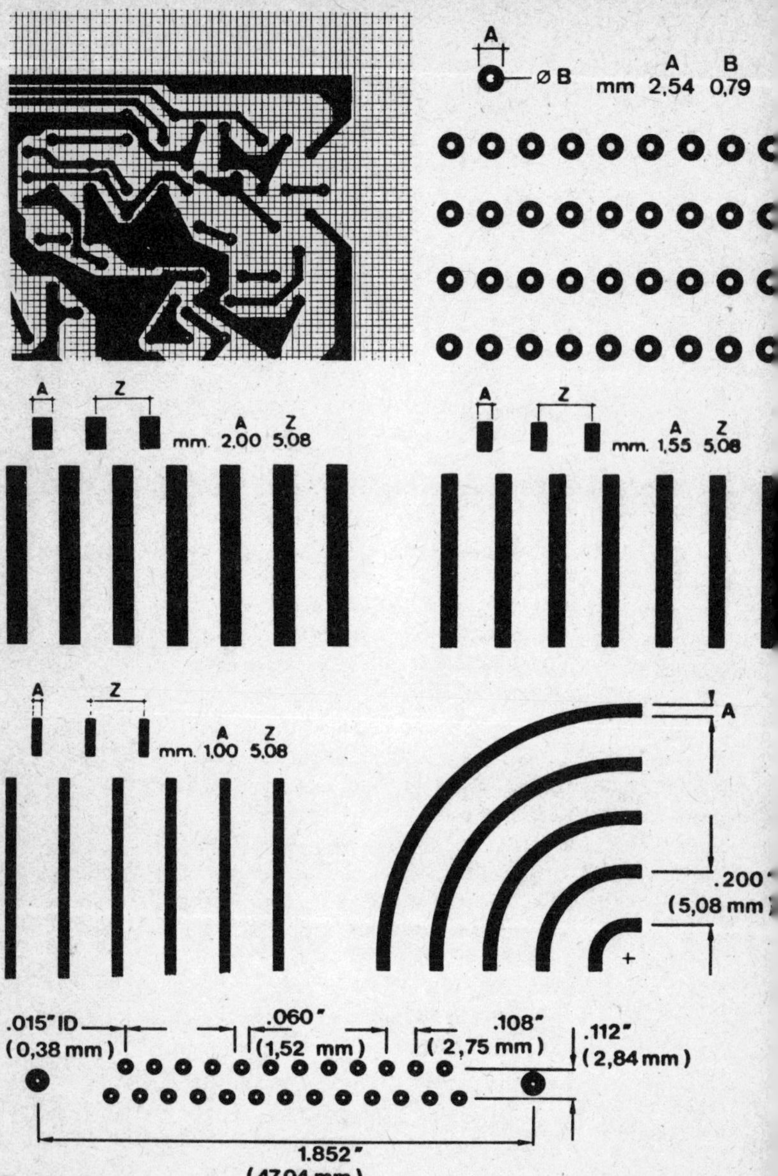
A
ø B
A B
mm 2,54 0,79
A Z
mm. 2,00 5,08
A Z
mm. 1,55 5,08
A Z
mm. 1,00 5,08
A
.200"
(5,08 mm)
+
.015" ID
(0,38 mm)
.060"
(1,52 mm)
.108"
(2,75 mm)
.112"
(2,84 mm)
1.852"
(47,04 mm)

zu Abb. 3.1-3

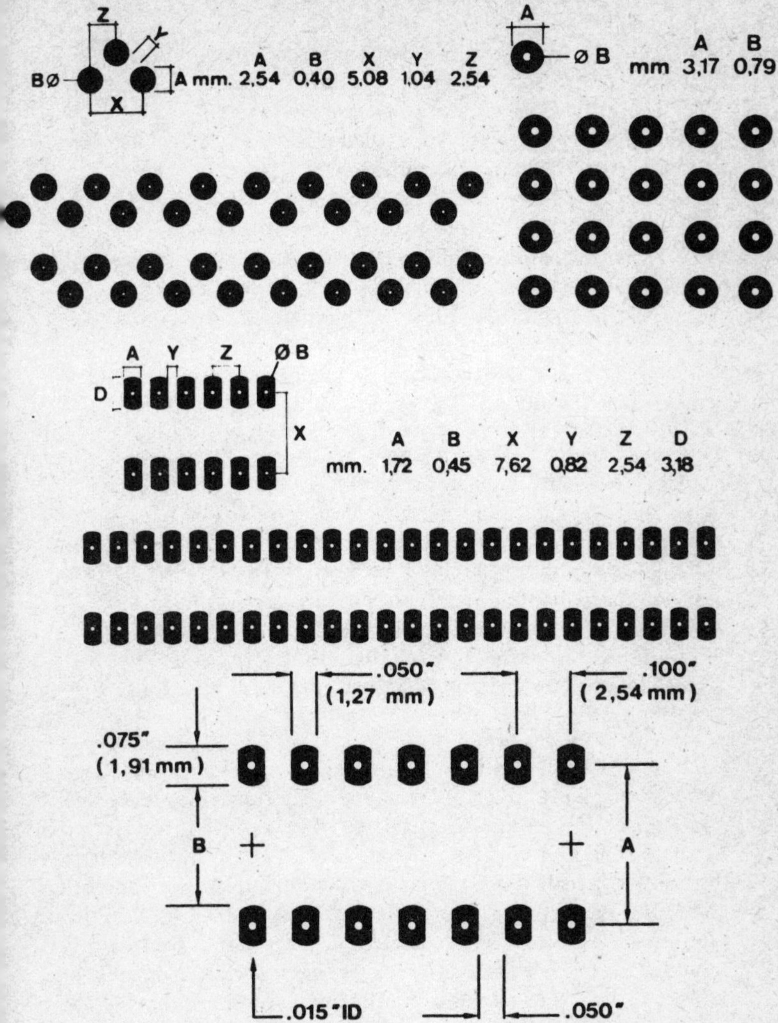

3.1-3 Oben links. Auf eine transparente UV-lichtdurchlässigen Folie mit 2,54-mm-Raster klebt der Profi sein Layout. Rasterabstände werden so exakt eingehalten. Die Vorlage wird direkt als Original für das Fotoätzverfahren benutzt. Die weiteren Bilder zeigeneeine Auswahl verschiedener Klebesymbole der Fa. alfac.

stücke für IC-Anschlüsse mit den bereits richtigen Abständen für einen 1 : 1 Maßstab. Besonders für das professionelle Verfahren mit der Fotovorlage ist es sinnvoll, sehr genau zu arbeiten. Hierzu gibt es nach Abb. 3.1-3 wieder die lichtundurchlässigen Aufreibeformstücke für die unterschiedlichsten Problemlösungen. So erhalten Sie maßstabgetreue Klebevorlagen für DIL-Klebebilder, genormte Platinenstecker, Transistoranschlüsse, Kurvenstücke und vieles mehr. Es gibt verschiedene Anbieter wie z.B. auch Edding, Seno und alfac. Arbeiten mit dem nicht ganz billigen „alfac"-Programm führen bei mir zu ausgezeichneten Ergebnissen. Beschaffen Sie sich nach Abb. 3.1-3 auch die verzugsfreie, transparente 2,54 mm-alfac-Rasterfolie. Darauf läßt sich exakt planen und arbeiten.

Erforderliche Korrekturen lassen sich durch Abheben der entsprechenden Leiterbahnstücke leicht bewerkstelligen. Eine derartige Vorlage eignet sich für viele Platinen nach dem Fotoätzverfahren. Einfacher gehts nun wirklich nicht mehr. Für diese Arbeitstechnik gibt es kleine Plastikgriffel (Kugelschreiberform), mit der abgerundeten Seite wird das entsprechende Formstück nach Abb. 3.1-2 auf die Unterlage „aufgerieben". Wir werden im nächsten Kapitel noch lesen, daß die Unterlage absolut sauber und fettfrei sein muß. Selbst Fingerabdrücke stören erheblich.

Für das Arbeiten mit Aufreibesymbole noch ein weiterführendes Beispiel. In *Abb. 3.1-4* ist die Schaltung eines IC-bestückten Meßverstärker zu sehen. Relais, Trimmer und IC bilden schon Sonderbauteile. Nach Abb. 3.1-5 – es war der zweite Entwurf – wurde das Layout in Aufreibetechnik auf transparentes Millimeterpapier geklebt. Hier habe ich bewußt an drei Stellen auch einmal Leiterstärken mit nur 0,5 mm Breite benutzt, damit wir später als Beispiel nach dem Ätzvorgang sehen, daß auch das noch geht. Die übrigen Leiterbahnen sind 1,5 mm und 3,5 mm stark. Die Lötaugen haben einen Durchmesser von 2,5 und 3 mm. Schließlich sind die Lötaugen des IC-Symboles nur noch 1,5 mm im Durchmesser. Das Layout hat eine Abmessung von 4,2 cm x 6,9 cm und würde beim

3.1-4 Schaltung eines Wechselspannungsverstärkers

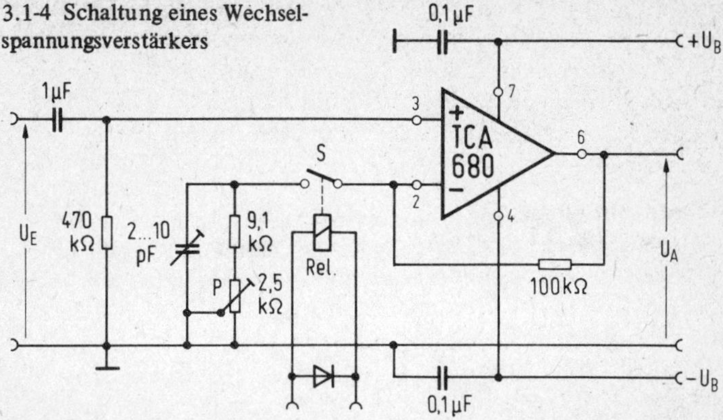

dritten Entwurf noch kleiner ausfallen können. Korrekturen bei der Aufreibetechnik werden mit dem Grafikmesser (Abb. 3.1-1) ausgeführt. Übrigens ist in Abb. 3.1-5 auch die Platine zu erkennen, auf die später das nebenstehende Leiterbild aufgebracht wird. Es ist immer sinnvoll, die Platine etwas größer zu wählen. Bewährt hat es sich auch, wenn sie am Rand

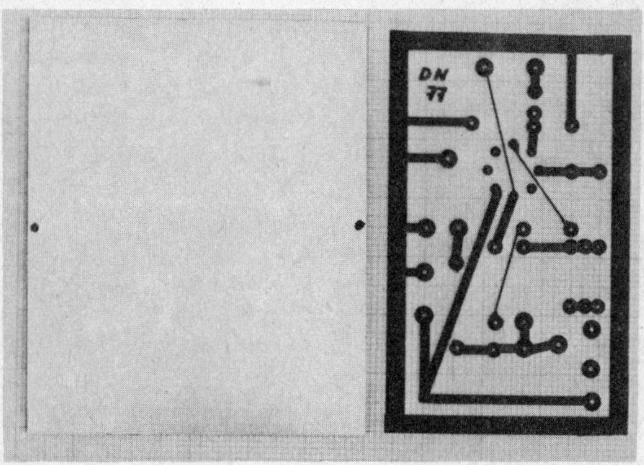

3.1-5 Der Printplan zu Abb. 3.1-4

(Abb. 3.1-5) gleich mit zwei Löchern versehen wird. Dort lassen sich vor dem Ätzvorgang zwei z.B. 1 mm starke Kupferdrähte befestigen (anlöten). Das hat den Vorteil, daß die Platine im anschließenden chemischen Bad gut gehalten und bewegt werden kann, ohne daß die Hände mit der Chemikalie in Berührung kommen.

Nun gibt es nach Abb. 3.1-5 auch noch die Möglichkeit, mit schwarzer Tusche das Layout auf Transparentpapier aufzuzeichnen. Das ist nach meinen Erfahrungen zeitlich recht umständlich. Außerdem muß für das anschließende Fotoverfahren sichergestellt sein, daß die Tuschezeichnung absolut lichtundurchlässig ist.

Das Foto *Abb. 3.1-6* zeigt einen sauber ausgeführten Lageplan der Bauelemente, mit dem dazugehörigen Print-Layout. Ich darf noch einmal darauf hinweisen, daß die Überlegungen und Handfertigkeiten – gerade zu Beginn – sehr lange dauern. Für Abb. 3.1-6 ist bestimmt mehr als eine Stunde anzusetzen, bevor die Schaltung zum Printplan wird. Der Printplan in Abb. 3.1-6 ist für das Fotoätzverfahren gedacht. Es ist aber auch möglich, diesen mit Blaupapier auf kupferkaschiertes Material zu bringen und dann mit Lineal und Ätzresiststift zu arbeiten.

Für HF-Aufbauten – siehe auch Abb. 1.5-9a – sind große Masseflächen vordringlich, um definierbare Signalwege zu erhalten. Nach *Abb. 3.1-7* wird für Hochfrequenzaufbauten nur um die Leiterbahn das Kupfer etwa 1 mm . . . 3 mm stark weggeätzt. Diese Maßnahme – große Masseflächen – ist auch für den NF-Bereich interessant . . . erfordert jedoch etwas genaueres Arbeiten und damit längere Zeit . . . jedoch geht der Ätzvorgang schneller, da weniger Chemikalie benötigt wird.

3.1.1 Eine Methode, die sich in der Hobbypraxis oft bewährt hat

Auf Anregung vieler Leser möchte ich Ihnen hier noch einmal den einfachen Werdegang einer Platine zeigen. Zunächst liegt die Schaltung nach Abb. 3.1.1-1 vor. Danach werden in der

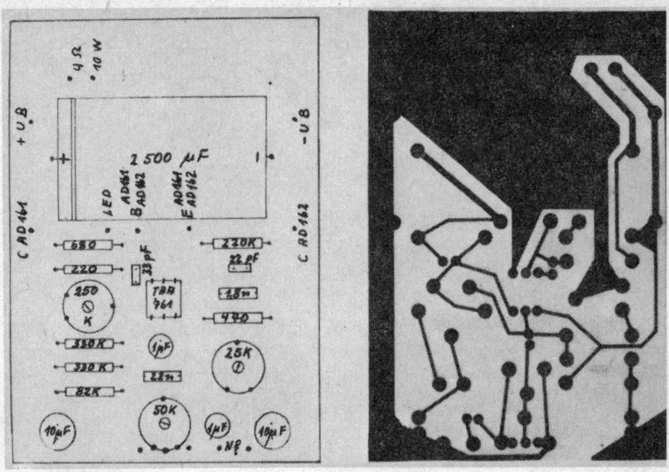

3.1-6 Als Beispiel: Lageplan und Layout einer Schaltung von Abb. 1.5-14

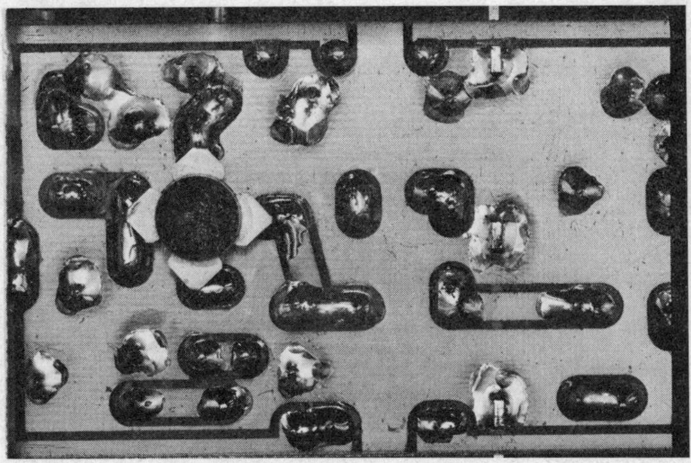

3.1-7 Für HF-Aufbauten werden große Masseflächen gefordert.

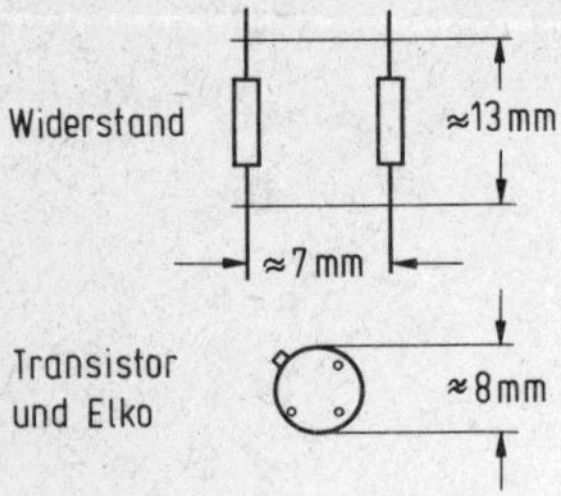

3.1.1-2 Dann werden zunächst die geometrischen Abmessungen der Bauelemente festgelegt, erst danach lohnt sich das Planen des Layouts

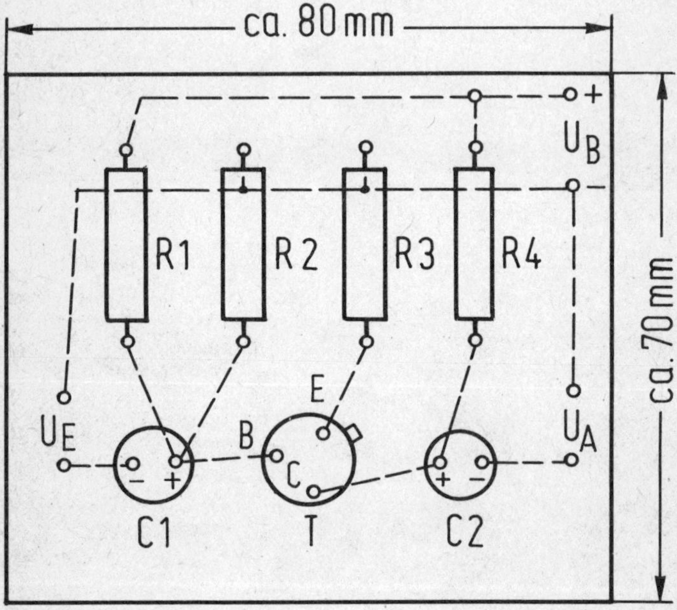

3.1.1-3 Für die erste Planung ist es nicht falsch, diese im Maßstab größer zu wählen, also z.B. 2:1. Wählen Sie die Bestückungsseite. Die Leiterbahnen werden gestrichelt

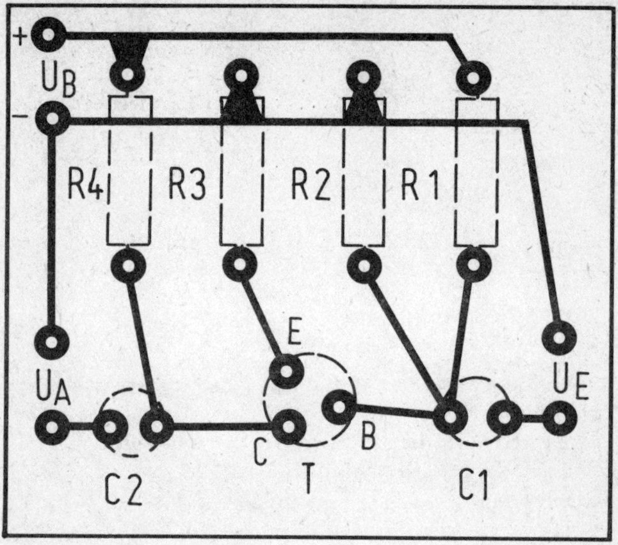

3.1.1-4 Jetzt kann die Leiterbahn entworfen werden. Zunächst wird lediglich auf die elektrischen Verbindungen Rücksicht genommen

3.1.1-5 Hier ist wieder die Bestückungsseite gezeigt mit etwas geänderter – schraffierter – Leiterbahn und vor allen Dingen mit ausgezogenen Masseflächen

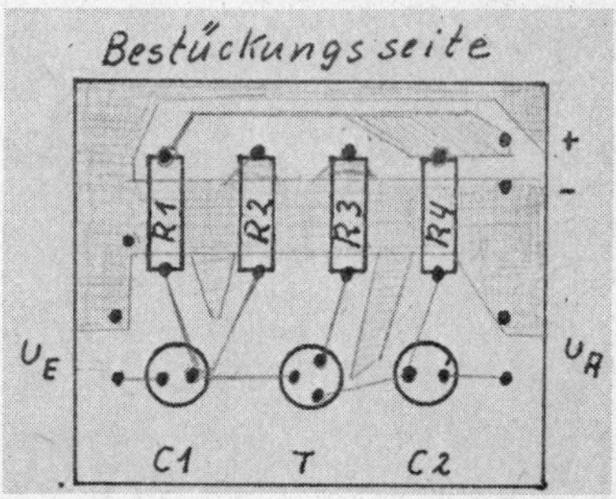

3.1.1-6 So ein selbstgefertigtes Alu-Lineal hilft, genaue Lochmarkierungen mit dem wasserfesten Stift anzubringen

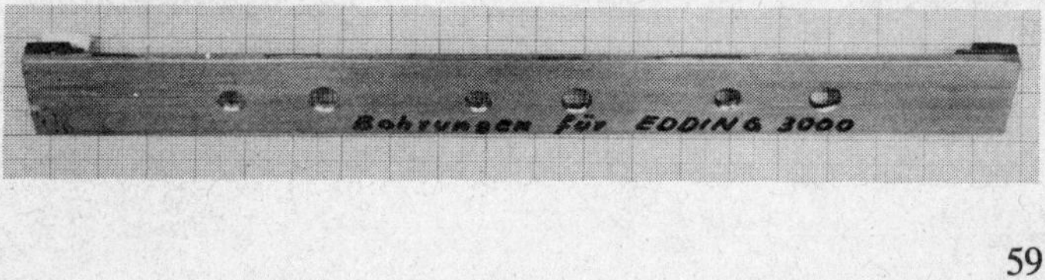

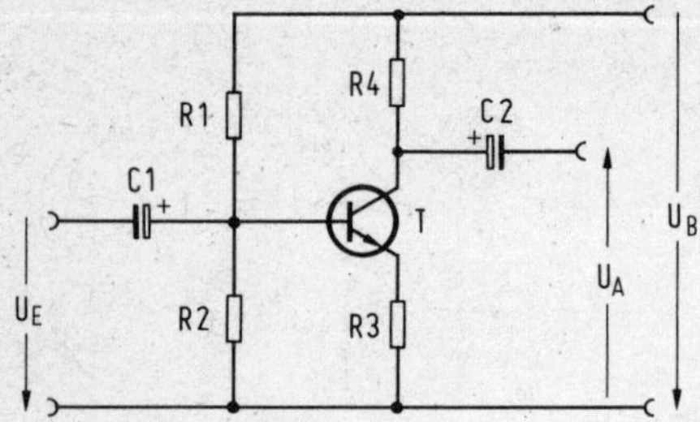

3.1.1-1 Dieses soll einmal die Schaltung sein

Abb. 3.1.1-2 die Maße der Bauteile festgelegt. Es erfolgt dann ein Probeplan nach Abb. 3.1.1-3 im Verhältnis 2:1 gezeichnet. Hier eignet sich auch die Millimetervorlage der Abb. 1.4-1. Danach wird von der Bahnenseite das Layout in der Abb. 3.1.1-4 geplant. Somit sind die Abb. 3.1.1-3 und 3.1.1-4 spiegelbildlich zu sehen. Zu der Abb. 3.1.1-4 kommt man am sicherrsten, wenn die in der Abb. 3.1.1-3 vorgesehenen Bohrungen für die Bauteile mit einem Zirkel werden. In der natürlichen Größe 1:1 wird danach in der Abb. 3.1.1-5 der Bestückungsplan gezeichnet. Wird das auf Transparentpapier gemacht, so kann auf der Rückseite bereits der Bahnenentwurf erfolgen. Mit einem Zirkel werden von der Rückseite die Bohrungen als Fixpunkte auf der Kupferseite der Platine festgehalten. Als sinnvoll hat sich ein selbstgefertigtes Alu-Lineal mit verschiedenen Bohrungen – Abb. 3.1.1-6 – erwiesen. Die Bohrungen, ca. 4 ... 7 mm, sind dafür vorgesehen, den ätzfesten Stift, z.B. Fa. Edding, so hindurchzulassen, daß kreisförmige Flächen entstehen. Das Lineal hat links und rechts eine Höhenunterlage von ca. 4 mm. Das gewünschte Loch wird nun über den mit Zirkelstich fixierten Punkt auf die Platine gebracht und nach Abb. 3.1.1-7 werden die größten der gewünschten Kreisflächen für die späteren Bohrungen festgelegt. In der Abb. 3.1.1-8 werden danach die Bahnen mit Lineal gezogen. Die Masseflächen werden wunschgemäß vergrößert. Die fertig geätzte Platine – mit Leitsilber zusätzlich überzogen – ist in der Abb. 3.1.1-9 zu sehen.

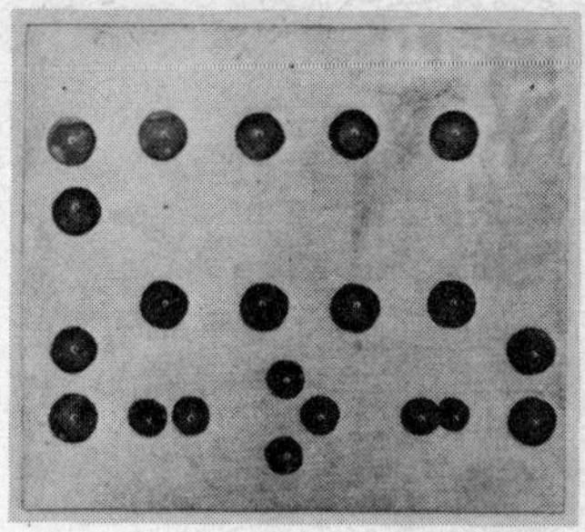

3.1.1-7 So sieht es aus, wenn das Lineal benutzt wurde und die Punkte vorher angekörnt wurden

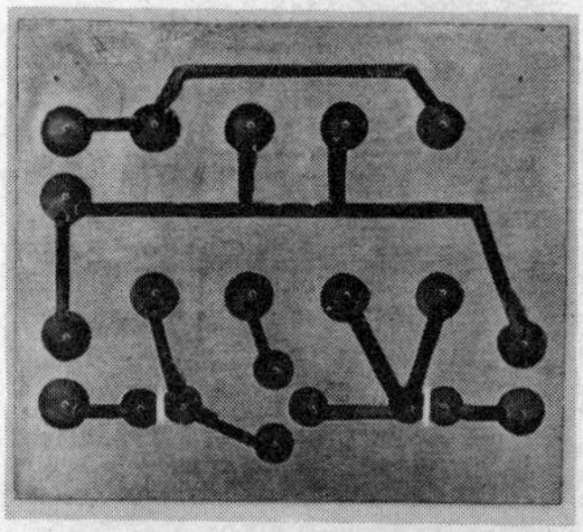

3.1.1-8 Die Leiterbahnen werden gezogen

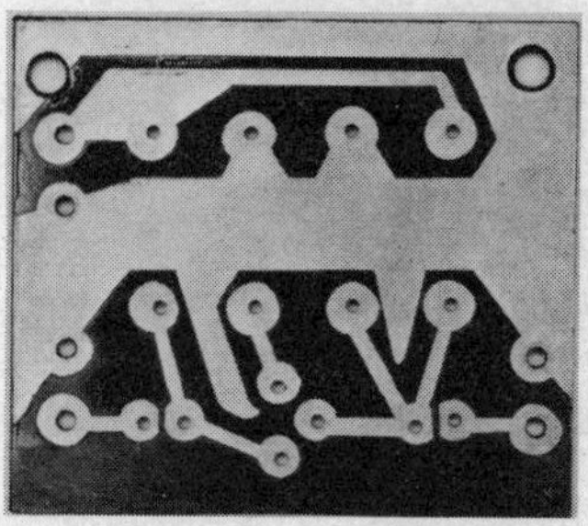

3.1.1-9 Die fertige Platine mit ausgezogenen Kupferflächen

Wie das in der Praxis erfolgt, soll für den Lottozahlengenerator aus dem Buch "Digitaltechnik in der Hobbypraxis" (Franzis-Verlag) geschildert werden. Die Schaltung wird als Versuchsaufbau nach Abb. 3.1.1-10a und 10b aufgebaut. Das erfordert zusätzliche Verdrahtungsarbeit auf der Universalplatine. Den Pla-

3.1.1-10a Eine Universallochrasterplatine mit 2,54 mm Abständen für Digitalbausteine

3.1.1-10b Hier ist der Lottozahlengenerator (siehe Abb. 10 a) aufgebaut

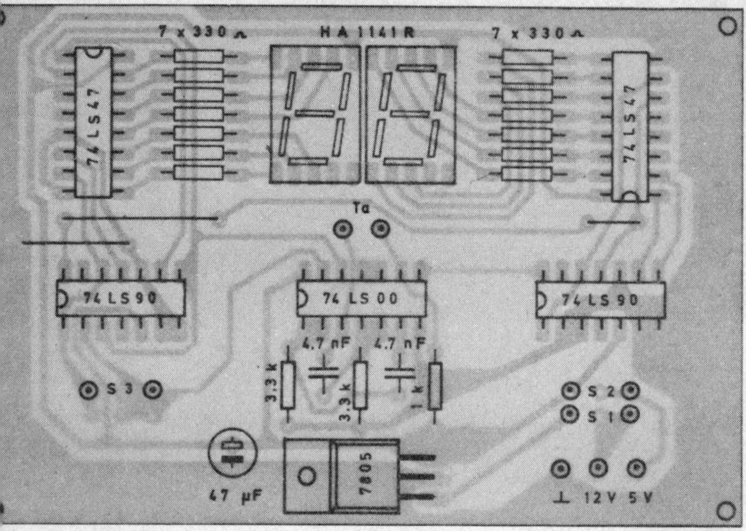

3.1.1-11 Nach der elektrischen Funktion kann jetzt das Layout geplant werden

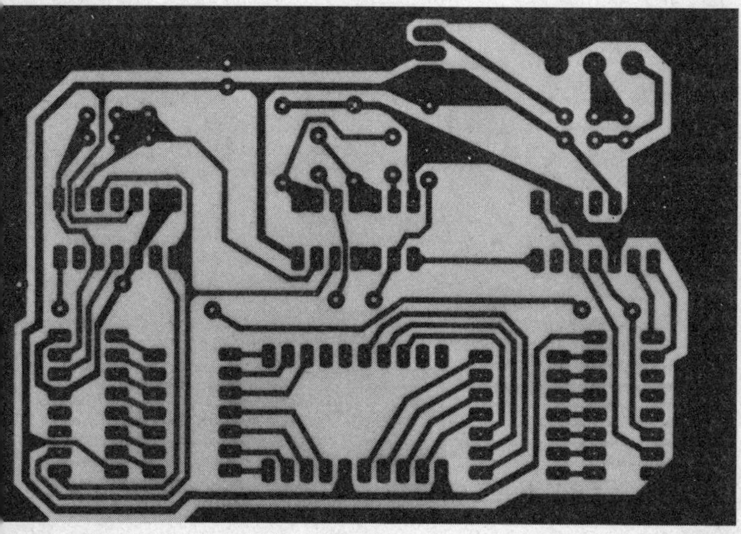

3.1.1-12 So sieht das Platinen-Layout aus

3.1.1-13 a Die fertig gelötete Rückseite

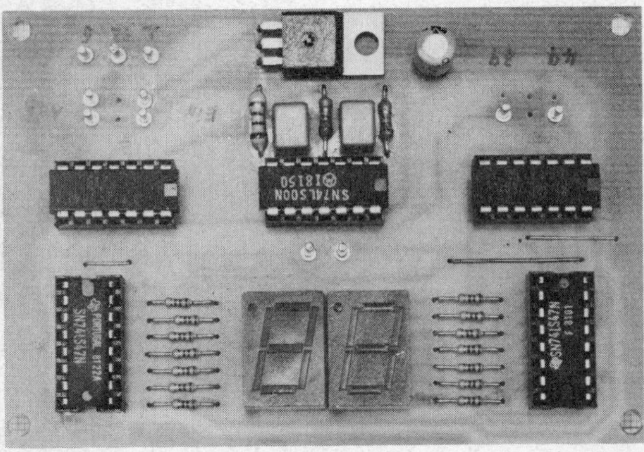

3.1.1-13 b Die Seite mit den Bauteilen. Schaltung und Funktion sind in dem Buch "Digitaltechnik in der Hobby-Praxis" beschrieben

tinenentwurf mit hinterlegten Platinenbahnen (Transparentpapier) zeigt die Abb. 3.1.1-11. Der Platinenentwurf für das Fotoverfahren ist in der Abb. 3.1.1-12 zu sehen. Schließlich lassen die Abb. 3.1.1-13a und 13b den fertigen Aufbau erkennen.

3.2 Das Ätzen der Platine

Das ist der wichtigste Vorgang bei der Platinenherstellung. Einerlei, welches Verfahren benutzt wird, es ist immer erforderlich, daß die Stellen der Platine, an denen später die Leiterbahnen entstehen sollen, durch ein Lackbild sicher und zuverläßig vor der Ätzchemikalie geschützt sind. Optische Kontrollen vor dem Ätzen mit einer Lupe sind immer anzuraten.

Um nun eine Platine ätzen zu können, ist Ruhe, Zeit und Erfahrung und eine absolut saubere, fettfreie Kupferfläche erforderlich. Weiter müssen die entsprechenden Hilfsmittel griffbereit sein. Der Ernstfall, also das Ätzen, sollte vorher mal geprobt werden.

Vor dem Ätzen und somit auch bereits vor dem Aufbringen des Layout muß die Platine wie gesagt sauber und chemisch neutral sein. Dazu wird sie mit einem Haushaltsscheuermittel und Wasser geputzt, bis ihr Aussehen überall gleichmäßig kupferfarben ist. Anschließend erfolgt die Spülung unter Wasser. Getrocknet wird nur dann mit einem Tuch, wenn dieses sauber ist und keine Fusseln hinterläßt. Besser ist die Lufttrocknung z.B. mit einem Föhn. Fingerabdrücke dürfen nach diesem Vorgang nicht mehr auf die Platine kommen.

Nun wird das Ätzbad angesetzt. Dafür empfehle ich eine feuerfeste Glas- oder Keramikschüssel zu nehmen. Ebenso sind wärmefeste Plastikbehälter geeignet (Fotohandel). Die Grundfläche sollte nicht viel größer als die Platine sein. Die saubere Schüssel wird jetzt ca. 2 cm hoch mit Wasser gefüllt. Dann wird das Ätzmittel zugegeben. Als Ätzmittel haben sich drei Möglichkeiten bewährt:

– Eisen-III-Chlorid $Fe Cl_3$ (braune/goldgelbe Kugeln) *Abb. 3.2-1*

– Ammoniumpersulfat $(NH_4)_2 S_2 O_8$ (kleine helle Kristallkugeln)

– Mischung aus 20 Teilen 35 % Salzsäure, 3 Teilen 30 % Wasserperoxid und 77 Teilen Wasser

Diese Möglichkeiten habe ich ausprobiert. Von der Beschaffung und der weitgehenden Ungefährlichkeit her empfehle ich die erste und zweite Möglichkeit für die Hobby-Praxis. Die Abb. 3.2-1 zeigt einen Beutel Eisen-III-Chlorid. Es sind kleine braune-goldgelbe Kugeln mit einem Durchmesser von ca. 5 mm bis 10 mm. Sie gelangen im Elektronikversandhandel luftdicht verpackt zur Auslieferung, da sie sehr hygroskopisch – feuchtigkeitsanziehend – sind. Es ist nicht falsch, einen angebrochenen Rest in einer Flasche mit etwas Wasser aufzubewahren, und so bereits für das nächste Mal ein Konzentrat zu haben. Die Flasche erhält die Aufschrift „Vorsicht Gift". Sie wird sicher aufbewahrt.

Zurück zur ca. 2 cm hoch mit Wasser gefüllten Glasschüssel. In diese wird jetzt, bei einer Wassermenge von ungefähr einer Tasse,

3.2-1 $Fe Cl_3$ als „Kugelware", unser Ätzmaterial

also ca. 150 cm^3 Inhalt, etwas weniger als 1/4 des Beutelinhaltes von Abb. 3.2-1 gegeben. Diese angegebene Menge kann von Ihnen geändert werden. So wie's im Vorwort steht muß der Praktiker das ausprobieren, da hier auch die Fläche des zu ätzenden Kupfers eine Rolle spielt. Der Beutel dort hat eine Größe von ca. 8 x 14 cm. Die Flüssigkeit färbt sich trübgold. Die Kugeln werden durch Umrühren mit einem sauberen Gegenstand aufgelöst. Die Glasschüssel wird mit Inhalt jetzt auf einer Elektroplatte auf eine Temperatur von ca. 40 °C . . . max. 70 °C gehalten. Je wärmer, je schneller läuft der Vorgang ab. Temperaturen um etwas mehr als 60 °C können schon einmal dem Lack- oder Fotoleiterbild schaden. In dieses Bad wird jetzt die Platine – wie besprochen an zwei Haltedrähten – mit der Kupferplatte nach oben in die Flüssigkeit gelegt. Sehr praktisch bewähren sich Gummihandschuhe, um die Platine gefahrlos berühren zu können. Die Platine wird leicht bewegt. Das Kupfer löst sich sichtbar ab. Nach einigen Minuten ist – meistens vom Rand ausgehend – schon das Isoliermaterial zu erkennen. Ist alles Kupfer weggeätzt, nach ca. ... 10 Minuten, bei benutzten Bädern bis zu 30 Minuten, das gilt auch für zu schwach oder zu kalt angesetzte Bäder, dann wird die Platine und sofort unter Wasser abgespült. Werden danach noch Kupferreste entdeckt, so darf sie noch einmal wieder kurz ins Bad – danach sofort wieder spülen. Dauert der Ätzvorgang zu lange, so ist die Ätzlösung verbraucht, oder die Temperatur, wiegesagt, zu niedrig. Es ist entweder zuviel Kupfer aufgelöst oder es wurde zu wenig Chemikalie angerührt. Dann etwas $Fe\,Cl_3$ nachfüllen und auflösen, bevor die Platine erneut ins Bad kommt. Bei Zimmertemperatur, also ohne Herdplatte, dauert der Vorgang bis zu 30 Minuten und länger.

Ist das Bad zu stark angesetzt, so erfolgt eine Unterätzung der Bahnen nach *Abb. 3.2-2 c*. Richtig geätzt ergibt sich bei starker Vergrößerung die *Abb. 3.2-2a*. Sie können davon ausgehen, daß bei jedem Ätzvorgang beidseitig eine Unterätzung von je ca. 0,1 mm auftritt. Das bedeutet, daß bei einer 2mm-Vorlage anschließend eine ca. 1,8 mm breite Bahn entsteht. Wird zu wenig geätzt, so bleibt nach *Abb. 3.2-2b* Kupfer übrig. Nun, das ist nicht so schlimm, wie es sich anhört. Denn wenn sichtbar nach ca. 10 Minuten das angrenzende Kupfer an den Leiterbahnen verschwunden ist, dann ist immer noch Zeit genug, die Platine an den Haltedrähten herauszuholen.

Die nach dem Ätzen übrig gebliebenen Lackbahnen werden jetzt mit einem in Aceton getränkten Lappen gereinigt. Danach

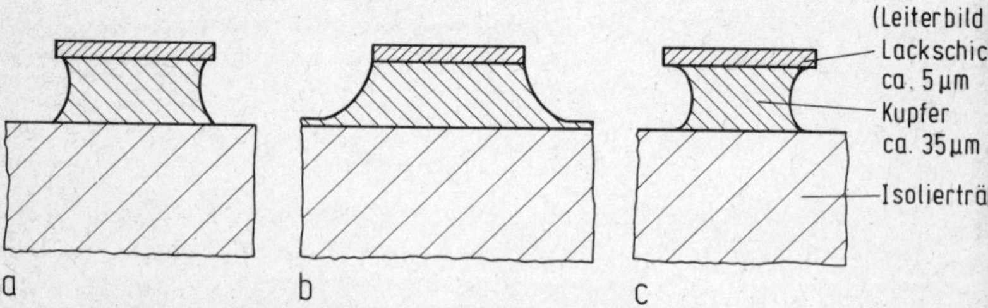

3.2-2 Was so beim Ätzen alles passieren kann

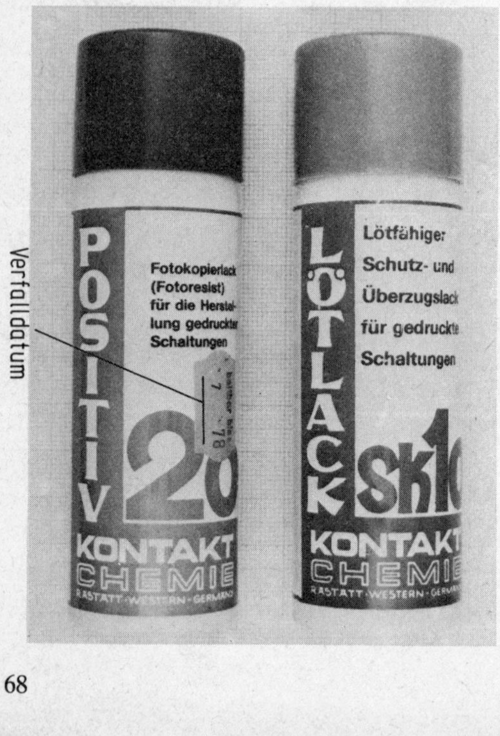

3.2-3 In Sprayform: Fotokopierlack und Schutzlack

werden die Durchführungslöcher an den Kupferaugen der Platine zum Durchstecken der Bauelemente durchbohrt. Die Platine wird auf richtige Größe gesägt und die Ränder sauber gefeilt. Die Bestückung erfolgt erst dann, wenn alle mechanischen Arbeiten erledigt sind. Über das Löten der Bauelemente hatten wir uns bereits in Kapitel 2.4 unterhalten. Nach dem Löten können Kolophoniumreste mit Spiritus beseitigt werden.

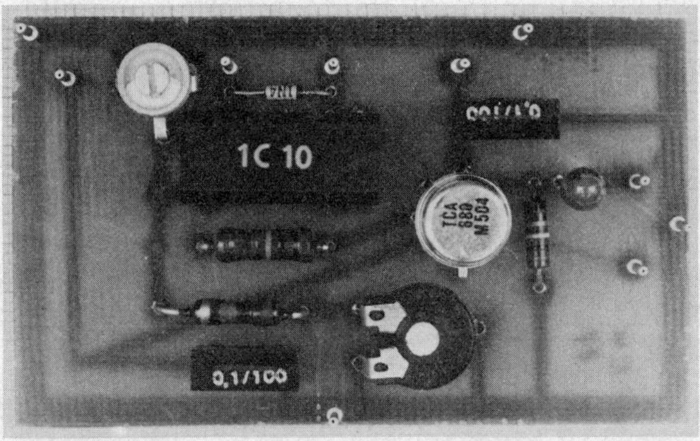

3.2-4 Bauteileanordnung der Schaltung von Abb. 3.1-4

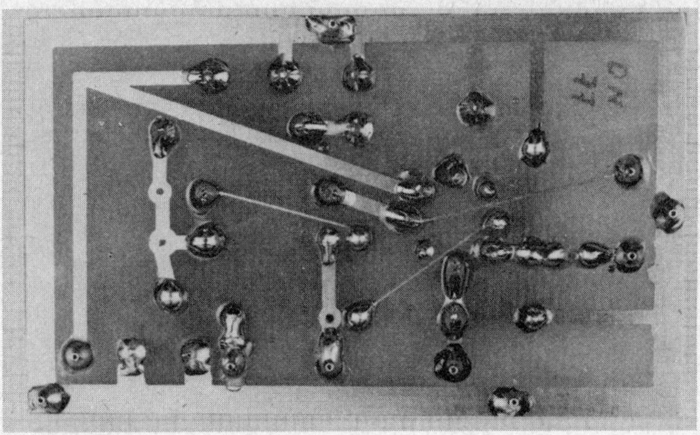

3.2-5 Der Print Abb. 3.1-5 nach dem Lötvorgang

Abb. 3.2-3 zeigt einen Lötlackspray, der als Schutzschicht über die gelöteten Leiterbahnen gesprüht werden kann.

Die fertig bestückte Platine mit dem Leiterbild nach Abb. 3.1-5 ist dann in *Abb. 3.2-4* zu sehen. Das Leiterbild sehen wir uns in *Abb. 3.2-5* an.

Bei dem Ammoniumpersulfat-Prozeß liegt die Chemikalie als weiße, kristalline Substanz vor. Diese wird ebenfalls in Wasser aufgelöst. Es werden etwa 55 g auf 100 ml Wasser ($\approx$ 100 gr) benötigt. Die Ätzdauer beträgt ca. 10...15 Minuten. Die Lösung sollte auf ca. 40° . . . 50° erwärmt werden. Nach dem Ätzvorgang gut unter fließendem Wasser spülen.

Bei dem Salzsäure-Prozeß ist etwa folgende Mischung erforderlich: Es werden 20 ml Salzsäure $\approx$ 35 %, sowie 3 ml Wasserstoffperoxid $\approx$ 30 % und 80 ml Wasser benötigt. Diese Lösung entwickelt stechende Dämpfe. Augen schützen! Haut und Kleidung bei Spritzern waschen. Ätzzeit bei frischer Lösung und ca. 50° ca. 10 Minuten. Bei längeren Zeiten kann H_2O_2 zugegeben werden. Die Konzentration ist richtig, wenn sich die eingelegte Kupferfläche rot bis dunkelbraun färbt. Die Lösung darf nicht in verschlossenen Flaschen aufbewahrt werden. Es bilden sich Gase (Überdruck).

3.3 . . . und so funktioniert's mit dem Fotokopierlack

Vorerst einmal: Das Fotokopierverfahren setzt zwei chemische Vorgänge voraus. Einmal den fotochemischen Entwicklungsprozeß und zum anderen wieder den in Kapitel 3.2 beschriebenen Vorgang des Ätzens. Nun werden wir in diesem Kapitel das Fotokopierverfahren kennenlernen. Wir hören mit den Erklärungen da auf, wo das Ätzverfahren nach Kapitel 3.2 wieder einsetzt.

Also, was soll das (Positiv)-Fotokopierverfahren? Es soll eine Leiterbahnzeichnung nach Abb. 3.1-5 auf sehr gut lichtdurchläßigem (transparentem) Papier oder auf kräftiger Klarsichtfolie auf fotochemischem Wege so auf die Kupferfläche der Platine „fixieren", daß in dem dann anschließenden (normalen) Ätzvorgang die nicht belichteten Stellen gegen das Ätzen geschützt sind. Lesen Sie hier noch einmal das Verfahren mit der 2,54-mm-Rasterfolie in Kap. 3.1 nach Abb. 3.1-3.

Dazu ist es zunächst einmal erforderlich, daß die Platine mit einer fotoempfindlichen Schicht „beschichtet" wird. Hierfür kann man auch bereits positiv-beschichtete Platinen kaufen. Davon rate ich jedoch ab, wenn nicht vom Hersteller das Verfalldatum angegeben wird. Die Lebensdauer ist oft nicht länger als ein Jahr. Sie ist auch stark von den Umwelteinlüssen der Lagerung (Feuchtigkeit, Temperatur) abhängig. Derartige Platinen werden durch eine schwarze Schutzfolie gegen Lichteinfall geschützt und müssen „dunkel" aufbewahrt werden.

Die Beschichtung

Das für den Hobby-Elektroniker sichere Verfahren ist die eigene Beschichtung. Dafür steht ein Fotolack in Sprayform nach Abb. 3.2-3 zur Verfügung. Beim Kauf gleich darauf achten: Der Hersteller klebt das Verfalldatum auf die Dose. Für kleine Arbeiten genügt die 65 g-Dose. Die Menge reicht für ca. 1,5 m^2. Ist das Verfalldatum überschritten, so läßt sich das durch eine konzentriertere Ätzlösung oft kompensieren.

Die Reinigung

Bevor die Platine mit Fotolack besprüht wird, sind zwei Voraussetzungen erforderlich. Die Platine muß wie beim Kupferätzvorgang mit Scheuermittel unter fließendem Wasser gereinigt sein. Bildet sich auf der Fläche ein zusammenhängender Wasserfilm, so ist es ein Zeichen für eine gute Reinigung. Weiter muß sie vor dem Beschichtungsvorgang absolut trocken und staubfrei sein. Liegen Fusseln drauf, so können wir damit rechnen, daß an diesen Stellen das Kupfer geätzt wird. Dort besteht kein Lackschutz. Achten Sie auch hier auf die Fettfreiheit der Oberfläche. Die Firma SENO bietet einen Reinigungsklotz an. Mit diesem läßt sich die Oberfläche ebenfalls gut reinigen.

Der Sprayvorgang

Für den Sprayvorgang soll die Platine waagerecht erhöht auf einem Gegenstand liegen, wodurch die Seiten (ca. 20 cm hoch) frei sind. Eine Lackverwirbelung wird so vermieden, ebenfalls entstehen so keine Staubwirbel. Weiter ist es ratsam, einen kleinen, einseitig offenen Kasten (Schuhkarton) bereitzuhalten, der anschließend über die „besprayte" Platine gestellt wird, um Staubeinwirkungen zu verhindern.

Der Sprayvorgang erfolgt jetzt senkrecht zur Platte in einem Abstand von 20 . . . 30 cm. Vergewissern Sie sich einmal, was 25 cm sind! Die Beschichtung kann unter einem Winkel bis zu 20° erfolgen. Der Sprayvorgang für die kleine Platine (Abb. 3.1-4) lag unter 3 Sekunden. Für eine Platine im Format 100 x 160 mm (Eurocard) benötigen Sie ca. 10 Sekunden. Es genügt ein dünner Lackfilm, stärkere Beschichtung schadet nicht. Dann muß jedoch länger belichtet werden, auch ist der Fotoätzvorgang länger. Sprühen Sie zügig ohne Unterbrechung. Bei größeren Flächen in Schlangenlinien und Kreuzform. Es zeigt sich sofort ein Hammerschlageffekt als Lackbild (gekräuselte Inseln), der gleich wieder zu einer gleichmäßigen Lackschicht verläuft (Vorgang bis 5 Sekunden). Fast immer werden kleine Staubteilchen aus der Luft mit eingesprüht. Diese können sofort nach dem Sprühvorgang (noch Hammerschlageffekt) mit einer Stecknadel o.ä. entfernt werden. Der Lack zerläuft wieder an den Stellen. Die Platinenränder bilden eine Lackanhäufung. Soll in diesem Bereich von ca. 2 mm Kupfer weggeätzt werden, so kann das ev. zu Schwierigkeiten führen, da hier eine dickere und somit entwicklungsresistentere Zone entsteht. Das läßt sich vorher einplanen, indem die Platine etwas größer als erforderlich gewählt wird und später auf das richtige Maß gesägt wird. Oder es wird bewußt ein Kupferrand stehen gelassen.

Ist man seiner Sache nicht sicher, so kann der Lack sofort (oder auch etwas später) mit einem Lappen und Aceton wieder entfernt werden. Dann muß jedoch die Platte wieder mit Scheuermittel gereinigt und getrocknet werden, bevor ein zweiter Beschichtungsvorgang vorgenommen werden kann. Für den Beschichtungsvorgang empfehle ich einen indirekt beleuchteten, sonst dunklen Raum. Nach dem Beschichten den erwähnten Kasten über die Platine stülpen (Licht- und Staubschutz). Die so beschichtete Platine muß absolut dunkel gelagert werden.

Die Trocknung der Beschichtung

Die Platine kann jetzt getrocknet werden. Der Hersteller sagt: Trocknung bei Zimmertemperatur ca. 24 Stunden, bei Temperaturen von ca. 60 . . . 70 °C (langsam bis 70 °C ansteigen lassen, kein Wärmeschock) ca. 20 . . . 40 Minuten. Dazu möchte ich nun noch folgendes anschließen: Platine im Karton ca. eine Stunde lassen, dann ist sie trocken auf der Oberfläche und nicht mehr staubempfindlich. Dann in einem Elektroofen (Backherd) oder im Heizungskeller auf dem Abgasrohr belassen, wegen der starken Wärme (bis 200 °C) einen Stein als Isolierung darunter legen. Im Ofen bei Temperaturwerten bis 70 °C dann nach 30 Minuten herausnehmen. In allen Fällen jedoch darauf achten, daß auf die beschichtete Fläche kein Licht fällt. Also evtl. wieder unter einen Karton stellen. Bis zur Belichtung gilt für die Platine: Dunkelheit. Kurzes Tragen in indirekt beleuchteten Räumen schadet nichts. Eine Übertrocknung führt zu einer ansteigenden Belichtungszeit ohne Qualitätseinbuße. Extremfälle sind zu vermeiden.

Die Positivvorlage des Leiterbildes

Die Positivvorlage des Leiterbildes z.B. nach Abb. 3.1-5 muß jetzt vorliegen. Dieses Leiterbild soll auf sehr transparentem Material – z.B. fester Klarsichtfolie, die auf jeden Fall UV-lichtdurchlässig sein muß – montiert sein. Das „Wie“ wurde in Kapitel 1.2 und 3.1 erklärt. Die Stellen, an denen später das Kupfer stehen bleiben soll, müssen absolut lichtundurchlässig sein.

Die Anordnung der Positivvorlage für die Belichtung

Die Vorlage besteht, wie beschrieben, aus einer Transparenten Folie, auf der das schwarze, lichtundurchlässige Klebebild die

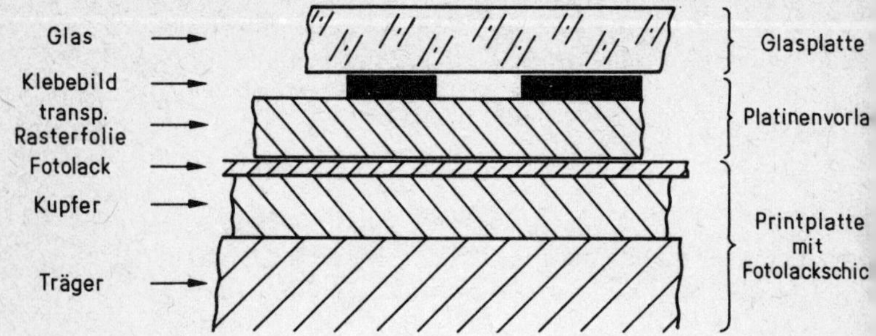

3.3-1 Das ist der prinzipielle Aufbau für die Belichtung der fotoempfindlichen Schicht auf der Kupferfläche.

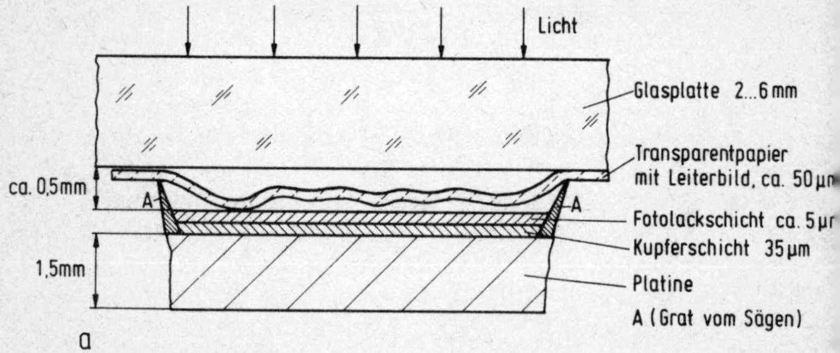

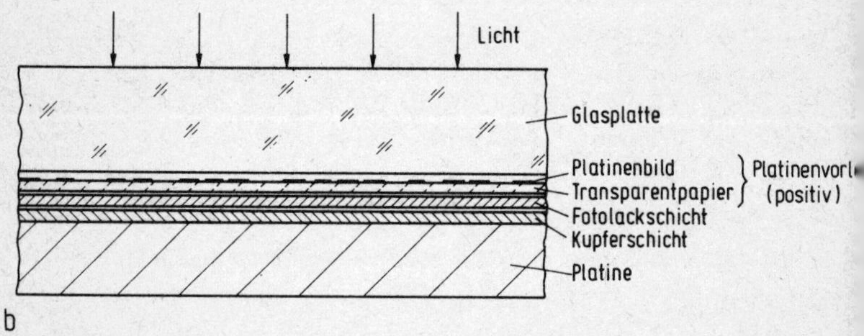

3.3-2 a+b Durch nichtplane Vorlagen können Belichtungsfehler entstehen.

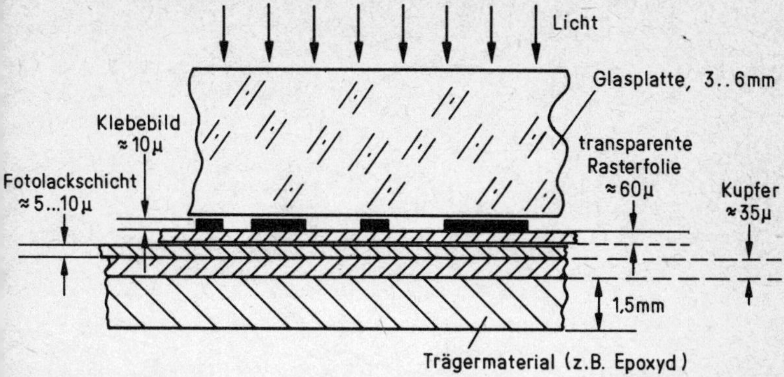

3.3-3 Hier sind die Stärken der einzelnen Flächen im Prinzip gezeigt.

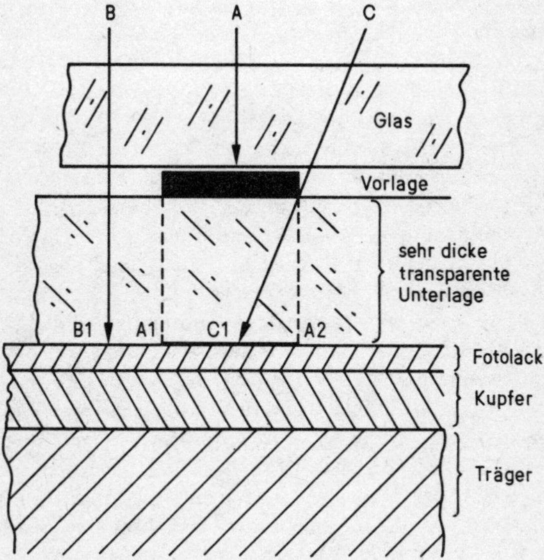

3.3-4 Wird die Trägerfolie zu stark gewählt, so kann durch seitlichen Lichteinfall eine Belichtung entstehen.

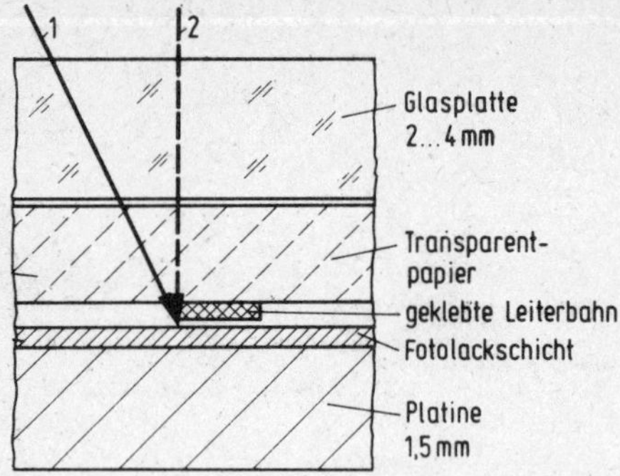

3.3-5 Die Anordnung bei starken Trägerfolien.

späteren Kupferleitbahnen bildet. Die grundsätzliche Anordnung für die Belichtung ist in der Abb. 3.3-1 zu sehen. Oben liegt eine Glasplatte aus 3 ... 6 mm starkem Glas – evtl. auch Quarzglas, da dieses besonders UV-lichtdurchlässig ist. Darunter kommt die geklebte Vorlage mit dem Leiterbild nach oben (also zur Glasplatte). Unten dann die Printplatte mit der Fotoschicht nach oben zur Folie.

Bei diesem Aufbau kann nach Abb. 3.3-2a ein Fehler entstehen, wenn die Printplatte – z.B. durch einen Sägevorgang – einen Grat aufweist. Der kann bis zu 1 mm betragen. Also noch vor dem Reinigen der Platte die Kanten bearbeiten (brechen). Die Abb. 3.3-2b zeigt das Prinzip der fehlerfreien planen Auflage. Es ist sinnvoll, die Glasplatte links und rechts zu beschweren, um einen entsprechenden Anpreßdruck zu erhalten.

Damit Sie eine Vorstellung für die Stärke der einzelnen Flächen bekommen, ist dieses in der Abb. 3.3-3 näher erläutert. Wird die Trägerfolie zu stark gewählt (Abb. 3.3-4), so kann durch seitlichen Lichteinfall – auch durch Lichtbrechung an den Kanten – die Fotoschicht falsch belichtet werden. Genau genommen soll der Bereich A_1 ... A_2 nicht belichtet werden. Der Lichtstrahl C fällt seitlich ein und belichtet zusätzlich die Strecke von A_2 nach C_1. Entsprechend schmaler wird später die Kupferbahn. Die Lichtstrahlen A und B fallen senkrecht auf die Fotoschicht – so sollte es sein.

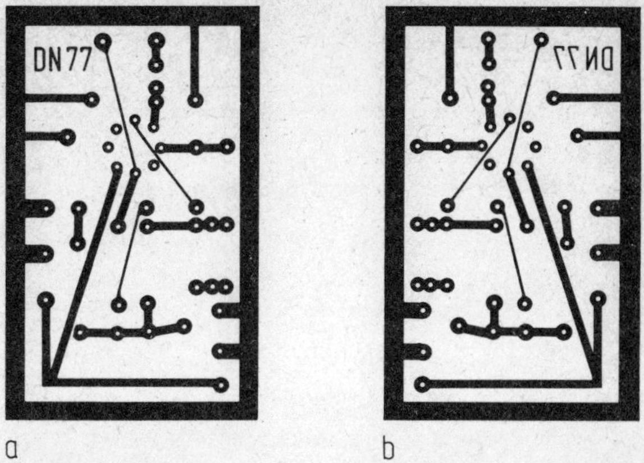

3.3-6 a+b Wird die Vorlage nach unten gelegt, so muß ein seitenrichtiges Bild vorliegen.

Muß – in äußerst seltenen Fällen – mit starken Trägerfolien gearbeitet werden, so ist zu überlegen, ob eine Anordnung nach Abb. 3.3-5 sinnvoll ist; also mit unten liegender Klebevorlage. Für den Fall muß aber nach Abb. 3.3-6a ein seitenverkehrtes Bild nach Abb. 3.3-6b vorliegen.

Die Belichtung

Die Printvorlage wird bei indirekter Raumbeleuchtung – nicht zu hell – auf die getrocknete – fotobeschichtete – Platine gelegt. Darüber die Glasplatte, die schwer genug sein sollte, damit diese auch bei einem Wellen des Transparentpapiers durch Wärmeeinwirkung bei der Belichtung nicht angehoben werden kann. Belichtet wird jetzt nach *Abb. 3.3-7* mit einem Abstand von ca. 30 cm. Am besten eignet sich dazu eine Heimhöhensonne – es wird sehr viel UV-Licht benötigt. Diese Strahler haben eine Anlaufzeit von ca. 3 Minuten, bevor sie ihre volle Leistung erreichen. Je nach Art des Abdeckglases, der Stärke der Fotoschicht und der Transparenz der Vorlage sind unterschiedliche

Belichtungszeiten erforderlich. Wer sicher gehen will, soll länger belichten. Das schadet erfahrungsgemäß nicht.

Nachstehend ein paar Angaben für verschiedene Möglichkeiten der Belichtung (Tabelle). Darin bedeuten:

1. helles, direktes Sonnenlicht
2. Philips HPR 125 Quecksilberdampflampe
3. dto. 500 Watt
4. Heimhöhensonne 300 Watt
5. Osram Vitalux 300 Watt

Art des Strahlers	Zeit der Belichtung ca.	Abstand ca.
1	5 ... 10 Minuten	
2	3 ... 5 Minuten	30 cm
3	1,5 ... 4 Minuten	50 cm
4	1,5 ... 5 Minuten	40 cm
5	6 ... 10 Minuten	40 cm

Die Länge des Abstandes ist bei Lichtquellen mit starker Wärmeentwicklung bei langen Belichtungszeiten entsprechend

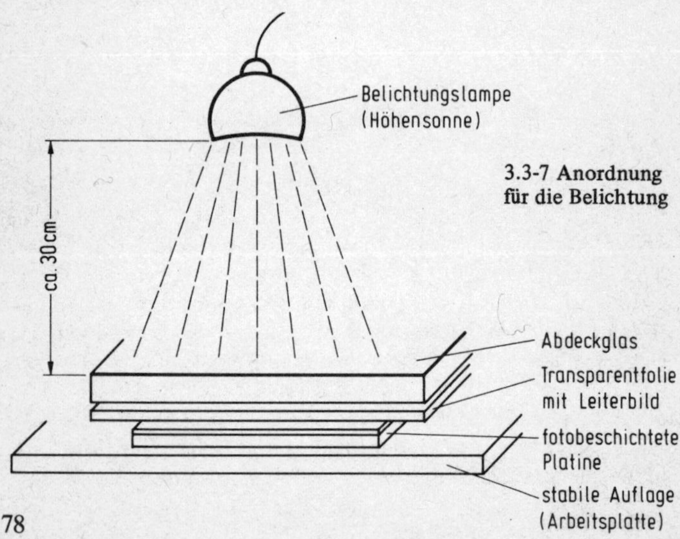

3.3-7 Anordnung für die Belichtung

größer zu wählen. Die Lichtquellen sollen senkrecht zur Platine angeordnet sein.

Achten Sie darauf, daß die meisten der hier erwähnten Lampen ca. 2 Minuten vorgeheizt werden müssen, bevor diese ihre volle Leistung erreichen. Also die Vorlage zu Beginn ca. 2 min. abdecken.

Das Entwickeln

Nach der Belichtungszeit wird die Lichtquelle abgeschaltet, so daß wieder indirekte, nicht zu helle Raumbeleuchtung entsteht. An der Platine sind nach der Belichtung keine Änderungen auf der Fotoschicht zu erkennen. Zum Entwickeln wird ein vorher vorbereitetes Entwicklerbad benutzt. Dazu wird nach *Abb. 3.3-8* Ätznatron Na OH benutzt, das in der Drogerie erhältlich ist. Ätznatron ist hygroskopisch. In dem Foto ist zu erkennen, daß der Behälter zusätzlich noch in einem Plastikbeutel aufbewahrt wurde. Für das Entwicklerbad wird jetzt 1 Liter Wasser mit Zimmertemperatur benötigt. Dieser Wassermenge wird 7 g Ätznatron, das sind etwa 33 kleine Blättchen, zugegeben. Und nun noch einmal genau nachlesen! Einen Liter Wasser, zwanzig bis fünfundzwanzig Grad warm, sieben Gramm Ätznatron. Wer es anders macht, geht am Erfolg vorbei. Den Liter Wasser nicht abschätzen, sondern messen. Für 7 g Ätznatron sagt der eine, es sind ca. 33 Plättchen, der andere spricht von einem Eßlöffel voll. Beides kann – muß nicht – richtig sein. Lassen Sie es sich in der Drogerie einmal vorwiegen, oder nehmen Sie eine genaue Briefwaage, dann wird es auch stimmen. Das Ätznatron muß im Wasser vollständig gelöst sein – ca. 2 Minuten rühren –.

Benutzen wir einen Fotolack, der oberhalb des Verfalldatums liegt, so können wir uns zunächst mit einer stärkeren Konzentration des Entwicklerbads helfen. Nehmen Sie anstelle der ca. 7 g (6 ... 8 g) eine Menge von z.B. 8 ... 14 g. Machen Sie vorweg einen Versuch an einer Probeplatine.

Wie gesagt, wird die Platine jetzt in dieses Entwicklerbad getaucht – Drahtbefestigung oder was noch besser ist sind die

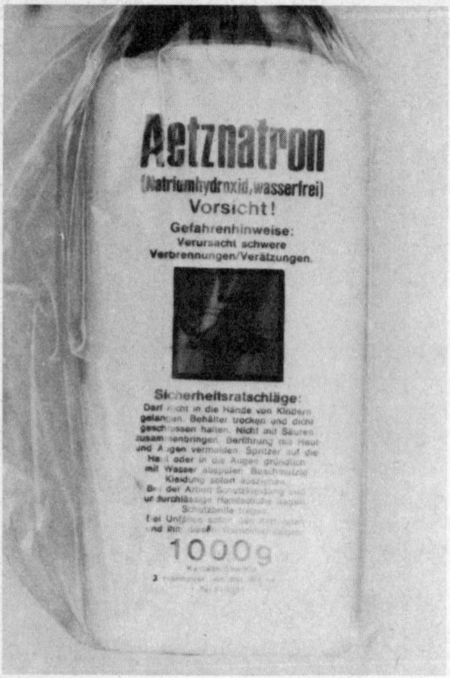

3.3-5 Ätznatron für das Fotoverfahren – Gift!

Gummihandschuhe – und in der zimmerwarmen Flüssigkeit leicht bewegt. Die belichteten Stellen lösen sich in ca. 30 Sekunden, max. 240 Sekunden ab. Dort erscheint das helle Kupfer die unbelichteten Stellen zeigen dann bereits sauber das Platinenbild. Ist bei langsamer Bewegung der Lack an den vorher belichteten Stellen wolken- und schlierenartig abgelöst, so daß ein konturenscharfes Leiterbild entsteht, dann sofort unter Wasser gut abspülen. Wird zu lange entwickelt, so werden auch die unbelichteten Leiterbahnen angegriffen. Wird eine zu starke Lauge angerührt, so ist nach sehr kurzer Zeit der belichtete und auch der unbelichtete Fotolack aufgelöst (1 Liter – 7 Gramm!). Zeigen sich nach dem Entwickeln Fehlerstellen durch Staubfusseln o.ä. auf dem Leiterbild, so kann etwas Fotolack in den

Deckel der Dose gesprüht werden. Mit einem feinen Pinsel oder Streichholztupfer lassen sich dann Fehler korrigieren. Es ist also daran zu denken, daß das Entwicklerbad bei zu langer Entwicklungszeit auch die unbelichteten Stellen angreift und anlöst. Nur, es dauert eben länger, so daß die Platine sofort bei scharfem Konturenbild herausgeholt und gespült werden muß.

Eine andere Methode, den Ätzvorgang besser in den Griff zu bekommen, besteht darin, daß mit einem Wattebausch in der Ätzflüssigkeit die Fotoschicht vorsichtig abgerieben wird (Gummihandschuhe). Stellt man beim Wechseln des Wattebausches fest, daß sich die Reibefläche des neuen Wattebausches nicht mehr dunkel färbt, so ist der Fotolack weggeätzt, der Vorgang ist beendet. Diese Methode hat auch noch den Vorteil daß an den Stellen, an denen zufällig mehr Fotolack hingekommen ist, diese Schicht gezielter entfernt haben kann.

Gute Spülung nach der Entwicklung ist wichtig. Bleibt der Lackschleier auf dem Kupfer, so gibt's Schwierigkeiten bei dem anschließenden Ätzvorgang. Blicken wir einmal zurück auf Abb. 3.1-5. Die dort gezeigte in Aufreibetechnik hergestellte Vorlage wurde auf fotochemischen Wege zu der fertigen Platine (Abb. 3.2-5).

Die hergestellte Lösung ist nicht sehr gefährlich und entwickelt auch keine Dämpfe. Spritzer auf der Haut oder auf Kleidungsstücken sollten sofort ausgewaschen werden. Die Lösung verliert an Reaktion, wenn sie längere Zeit mit Luft in Kontakt kommt.

4 Mögliche Fehler ... wie entstehen sie?

Auch hierzu soll das Beispiel nach Abb. 3.1-5 gelten. Die *Abb. 4.0-1* zeigt eine fehlerhafte Platine ... es ist zuviel Kupfer weggeätzt. Das besonders an einer Stelle. Der Grund kann folgender sein:

a) Die Stelle hat zu wenig Fotolack beim Beschichten erhalten.
b) Die betreffende Stelle wurde zu lange im Entwicklerbad gelassen.
c) Die Stelle bekam Fremdlicht – wurde also belichtet.
d) Die Fotoschicht wurde zu lange belichtet, so daß bei den dünnen Leiterbahnen nach Abb. 3.3-4 eine Unterwanderung des Lichtes eintrat.

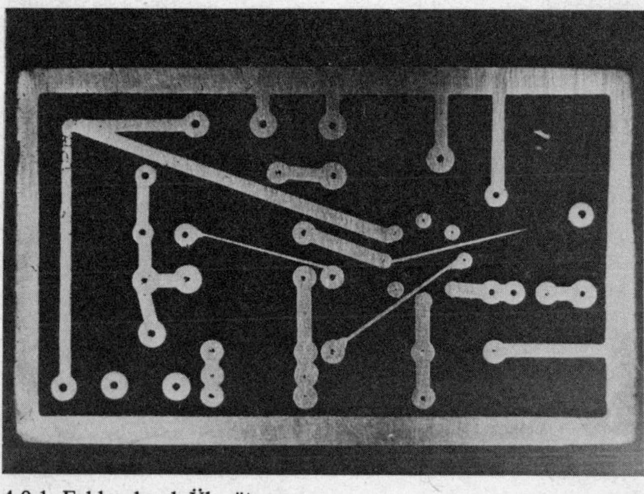

4.0-1 Fehler durch Überätzung

In der Tat wurde die Platine in einem zu starken Entwicklerbad behandelt. Die Angaben (1 Liter – 7 Gramm), sowie die Zeit wurden überschritten. An der Platine sind Haarrisse und weggeätzte Stellen von Staubeinschlüssen zu erkennen. Ähnliche Fehler können entstehen, wenn ohne Fotokopierverfahren die Kupferseite „handgemalt" wird und der Lack keine ausreichende Haftung oder Stärke als Schutz gegen das Ätzbad aufweist. Der Grund kann eine unsaubere Kupferoberfläche, Fettspuren, Fingerabdrücke o.ä. sein.

Schließlich sind in *Abb. 4.0-2* (eine starke Vergrößerung als Ausschnitt einer ebenfalls schlechten Platine) Unterbrechungen und Löcher im Kupferbild zu erkennen. Auch hierfür kann es mehrere Gründe geben. Im vorliegenden Fall wurde eine bereits beschichtete Platte benutzt, deren „Verfalldatum" seit langem überschritten war. Der Fotolack also schlechte Eigenschaften besaß. Der Fehler kann aber auch nach dem Fotoverfahren entstehen, wenn zu lange entwickelt wird. Oftmals ergeben sich Haarrisse auf der Platine, wenn die Vorlage ebenfalls „Lichtrisse" aufweist. Meistens dann, wenn mit Ausziehtusche gearbeitet wird. Bei zu dickem Auftragen wird diese rissig – sie bricht.

Wird eine Printplatte entwickelt, kann es vorkommen, daß sich kurzzeitig – schemenartig – die Umrisse des Printplanes ergeben und dann jedoch mit weggelöst werden. Dann ist zu lange belichtet oder – wie schon erklärt – die richtige Entwicklerkonzentration nicht eingehalten worden. Das Entwicklerbad ist zu stark angesetzt worden.

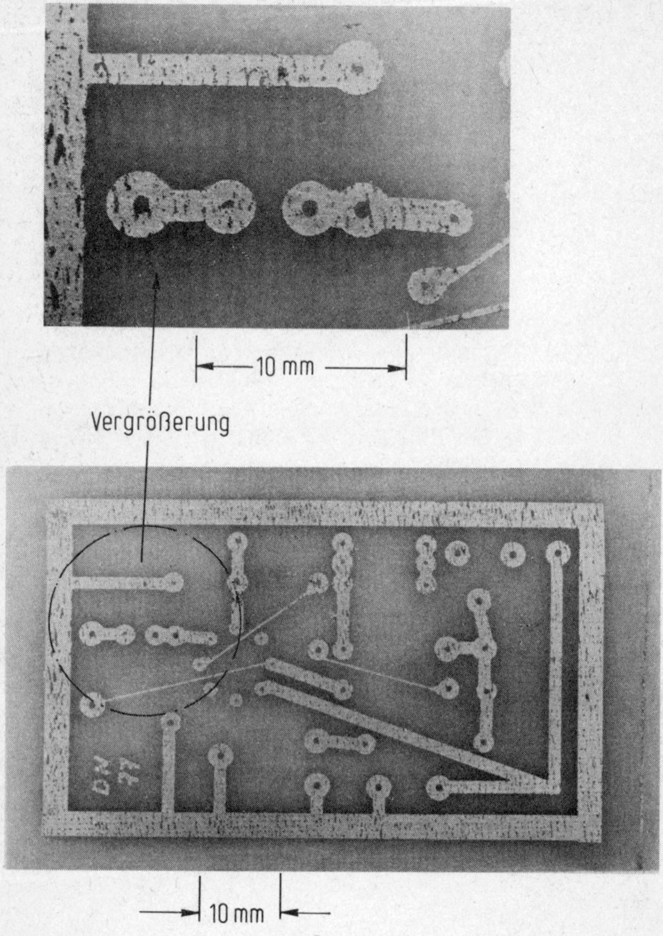

4.0-2 Hier muß untersucht werden, ob die Vorlage „durchlässig“ war

5 Die Gefahren der Ätzmittel und wichtige Schutzmaßnahmen

Ätzmittel sind gefährlich. Sie sollen an Orten aufbewahrt werden, die für Kinder unzugänglich sind. Die Flaschen und Behälter sind so zu kennzeichnen, daß eine Verwechslung ausgeschlossen ist und auch fremde Personen gleich auf die Gefährlichkeit hingewiesen werden. Ein Abfüllen in bekannte Formen von Getränkeflaschen soll nicht vorgenommen werden. Die Mittel sollen kühl und dunkel gelagert werden. Einige Chemikalien entwickeln Gase. Deshalb sollen sie nicht fest verschlossen werden.

Grundsätzlich können die Ätzmittel mit der Haut (Hände) für kurze Zeit in Berührung kommen. Das Eisen-III-Chlorid hinterläßt gelbbraune Spuren. Ätznatron faßt sich schmierig (wie Seife) an. In beiden Fällen sollen die Hände mit Seife und viel fließendem Wasser gereinigt werden. Ich empfehle Schutzkleidung wegen evtl. Spritzer und vor allen Dingen eine Schutzbrille. Sinnvoll ist, wie beschrieben auch die Benutzung von Gummihandschuhen. Bei Spritzern – sie können im Normalfall nicht entstehen, da sich die Ätzmittel ruhig verhalten – bei Spritzern also, z.B. ins Auge, hilft nur eines: Hilfsperson informieren, sofort das betreffende Auge mit viel Wasser spülen und den Arzt rufen.

Wo bleiben mit den Resten der Flüssigkeit? Hierzu macht eigentlich Keiner konkrete Angaben. Die meisten Autoren verweisen auf bestehende gesetzliche Bestimmungen, auf Umweltschutz und vieles mehr. Ist ja sehr richtig – nur, damit sind wir das Zeug nicht los. Wer also sein Gewissen beruhigen möchte, erkundigt sich nach den gesetzlichen Bestimmungen. Wer nicht so weit gehen will, spült diese geringen Mengen mit viel Wasser weg.

Oder hilft uns der Hinweis weiter, daß das Ätznatron das Eisen-III-Chlorid neutralisiert? Man schüttet es also zusammen – aber wie ist die augenblickliche Konzentration der einen Flüssigkeit und wie die der zweiten? Es gibt Lieferanten, die einen Neutralisator ihren Ätzmitteln als Beipack zulegen. Wird dieses Pulver zu der verbrauchten Kupferätzlösung geschüttet, so wird ein (steinharter) Klumpen daraus, der sich sicher bequemer beseitigen läßt als eine Flüssigkeit. Fragen Sie Ihren Hobby-Lieferanten. Vielleicht kennt er auch ein „Pülverchen". Halten Sie sich dann genau an die Angaben des Herstellers. Seien Sie sparsam mit den Chemikalien. In Flaschen (sicher!) aufbewahrt, lassen lassen sich die Mittel mehrfach benutzen – also nicht immer gleich wegschütten.

6 Literaturverzeichnis

- "Der Hobby-Elektroniker prüft seine Bauelemente selbst" RPB 102
- "Der Hobby-Elektroniker prüft seine Schaltungen selbst" RPB 110
- "Der Hobby-Elektroniker plant seine Schaltungen selbst" RPB 122
- "Die Mechanik für den Hobby-Elektroniker", RPB 125
- "Das große Werkbuch Elektronik"
- "Radiobasteln"
- "Elektronik-Selbstbau für Profi-Bastler"
- "Der Hobby-Elektroniker greift zum IC"
- "Das Hobby-Labor für den Profi-Bastler"
- "Digitaltechnik in der Hobby-Praxis"

Die angegebenen Bücher sind ebenfalls im Franzis-Verlag, München, erschienen

Was halten Sie von diesem Buch?
Das würden wir gerne wissen.
Setzen Sie bitte ein paar Stichworte auf! Danke!

Buchtitel
und Urteil

Fachgebiete, die mich interessieren:

- ☐ Hobby-Elektronik
- ☐ Elektroakustik
- ☐ Unterhaltungs-Elektronik
- ☐ Professionelle Elektronik
- ☐ Computerpraxis
- ☐ Amateurfunk
- ☐ Elektrotechnik
- ☐ Nachrichtentechnik

Auf dieses Buch wurde ich aufmerksam durch:

- ☐ Prospekt
- ☐ Besprechung
- ☐ Schaufenster
- ☐ Anzeige
- ☐ Empfehlung

Name, Vorname

Beruf

Firma

Straße

PLZ, Ort

Hiermit bestelle ich aus dem Franzis–Verlag:

Bücher: (bitte die ISBN-Nr. ergänzen)

ISBN-Nr.
3-7723- ______________________

3-7723- ______________________

3-7723- ______________________

____ Ausführliches Verlagsverzeichnis
(kostenlos)

Lieferung durch die Buchhandlung:

Wenn keine Firma eingesetzt, bitte an umseitige Adresse

bitte als
Postkarte
frankieren

Franzis-Verlag
GmbH
Vertriebsabteilung Bücher
Postfach 37 01 20

8000 München 37

ELO

Das Magazin für Elektronik und Computer

Das Magazin ELO ist für einen Kreis von Lesern gemacht, die als Einsteiger in die Elektronik ihrem Computer neue Anwendungsbereiche erschließen möchten: Messen, Regeln, Erfassen, Auswerten. In der ELO gibt es dazu die leicht zu realisierenden Bauanleitungen, mit denen sich Hardware verändern oder komplett selberbauen läßt. In der ELO wird die Elektronik nahtlos mit der Computertechnik verbunden. Denn Elektronik verstehen heißt auch Computer verstehen.
Erscheinungsweise: monatlich, Jahresabonnement DM 60,–.

Elektronik

Fachzeitschrift für Entwickler und industrielle Anwender

Die „Elektronik“ informiert durch Berichte und Fachaufsätze zu den Themen Bauelemente, Digitaltechnik, Mikroprozessoren-Anwendung und Programmierung, Meßtechnik, Steuer- und Regeltechnik, Datentechnik, Fertigungstechnik, allgemeine Industrie-Elektronik, Automatisierungs-Elektronik. Diese Themen werden ergänzt durch Marktberichte, Produktinformationen und Branchennachrichten.
Erscheinungsweise: 14täglich, Jahresabonnement DM 137,–. Ab Nr. 16/88 DM 148,–

Funkschau

Zeitschrift für Telekommunikation und Unterhaltungselektronik

Die Funkschau ist die einzigartige Informationsquelle für alle, die sich in wirtschaftlich oder technisch verantwortlichen Positionen mit den Bereichen Telekommunikation und Unterhaltungselektronik beschäftigen. Technik und Wirtschaft dieser Branchen stehen unter nationalen und internationalen Gesichtspunkten im Mittelpunkt der Berichterstattung.
Erscheinungsweise: 14täglich, Jahresabonnement DM 132,–.

VMEbus

Das Magazin für Boards, Systeme und Software

VMEbus informiert Software-Ingenieure, Systementwickler und Anwender von Datentechnik über Baugruppen mit VMEbus-Anschluß. Zentraleinheiten, Speicherkarten, Ein- und Ausgabe-Platinen sowie Controllerboards für Massenspeicher werden ausführlich behandelt.
Erscheinungsweise: sechsmal, Jahresabonnement DM 58,–.

mc

Die Mikrocomputer-Zeitschrift

mc bringt Fachbeiträge zu den Themen Mikrocomputer, Bürocomputer und Peripherie, Programmiersprachen und Betriebssysteme. Breiten Raum nehmen Testberichte ein. Im Software-Bereich werden Programme geprüft und mit ausführlichen Hinweisen zu Funktionsweise und Inbetriebnahme veröffentlicht. Grundlagenbeiträge, Produktinformationen und Branchennachrichten runden das Informationsangebot für den Leser ab.
Erscheinungsweise: monatlich, Jahresabonnement DM 70,–